史光柱

SHI GUANGZHU

1963 年 10 月出生，云南省马龙县人。1981 年应征入伍，1984 年 4 月，在对越自卫反击战中，他在四次负伤、八处重伤、双目失明的情况下，带领全排出色完成任务，荣立一等功，被中央军委授予“一级战斗英雄”的光荣称号。在部队期间，他荣立过一等功一次、二等功两次、三等功两次。

1984 年 8 月开始自学写作，1985 年 6 月发表第一首小诗《我恋》，1986 年 9 月被深圳大学破格录取为中文系本科生，

1990年毕业，成为中国第一位获得学士学位的盲人，也是全世界演讲场次最多的残疾人。

1990年以来，先后被国家有关部门评选为全国自强模范、优秀作家，入选100位最有影响的人民英雄、全国十佳卓越人物、全国十大新闻人物、全国十大功勋人物、全国十大最有创新力人物、全国十大艺术成就奖获得者等，2009年在中央11个部委联合举办的“对新中国建立与建设有突出贡献的双百人物”评选活动中，荣获“感动中国人物”称号。曾受到邓小平、江泽民、胡锦涛、习近平等几代国家领导人的亲切接见和慰问。

创作至今在国内外发表诗歌、散文600余篇，获鲁迅文学奖等国家级文学奖项18次，出版《我恋》、《眼睛》、《藏地魂天》、《寸爱》等多部诗歌、散文集，10多个国家翻译、刊登他的作品，是当今著名的诗人、作家、音乐家。被誉为中国的保尔·柯察金。现为中国作协会员、中国音乐家协会会员、中国散文学会会员、中国诗歌学会会员、并担任中国残疾人作家联谊会副会长、中国盲人文学联谊会会长、北京助残爱心公益促进会会长。

书法家权胜良为本书题字

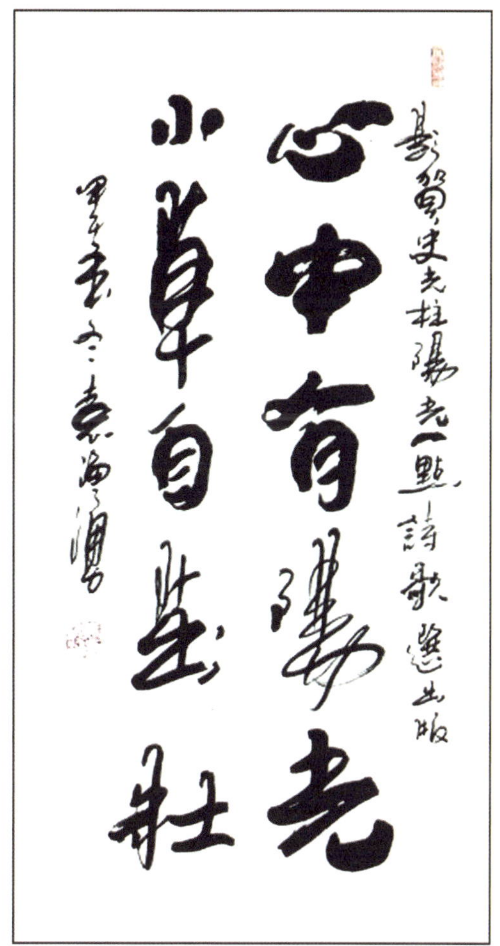

书法家袁海涌为本书题字

陽光一點
藍天不遠
就這麼
明媚就
這麼點
你已創造
燦爛與
溫暖 史光柱詩
癸巳之冬
蔡民基書於
京華一石齋

书法家蔡民基为本书题字

水有匯聚
才遠大山
有交錯才
縱橫人有
容納才視
野廣瀾志
程高遠
史光柱詩句
癸巳年於北京 李欣

书法家李欣为本书题字

阳光一点

史光柱　著

中国盲文出版社

图书在版编目（CIP）数据

阳光一点：大字版／史光柱著. —北京：中国盲文出版社，2015.7

ISBN 978－7－5002－6120－9

Ⅰ.①阳…　Ⅱ.①史…　Ⅲ.①诗集—中国—当代　Ⅳ.①I227

中国版本图书馆 CIP 数据核字（2015）第 152113 号

阳光一点

著　　者：史光柱
封面题字：贺敬之
责任编辑：李　爽
出版发行：中国盲文出版社
社　　址：北京市西城区太平街甲 6 号
邮政编码：100050
印　　刷：北京汇林印务有限公司
经　　销：新华书店
开　　本：787×1092　1/16
字　　数：190 千字
印　　张：19.75
版　　次：2015 年 10 月第 1 版　2016 年 7 月第 3 次印刷
书　　号：ISBN 978－7－5002－6120－9/I·1358
定　　价：39.00 元
编辑热线：（010）83190273
销售服务热线：（010）83190297　83190289　83190292

目　录

评论

后记

我　恋

我恋春天的翠绿——生命的象征
我恋夏日的火红——奔放的热情
我恋秋天的金黄——硕果累累
我恋冬日的洁白——纯洁坚贞……
正因我热恋四季的多姿
我的枪管才射出激情

我恋节日广场上的绚丽礼花
我恋春阳下人造湖的阵阵桨声
我恋洞房里甜蜜的絮语
我恋公园那醉人的清新……
正因我热恋生活的多彩
我才乐于忍受猫耳洞的潮湿
　　坑道的幽暗

我恋校园的宁静、实验室的芬芳
我恋孩子的天真、老年人的童心
我恋巍峨的大厦、厂房
我恋迤逦的海滩、山岭

正因我热恋大江南北

我才把火红年华

写进亏了我一个

　　幸福十亿人的

慷慨悲歌、壮志凌云

1985 年 6 月于上海

手

南疆的炮火中
我看到一双卫士的手
硝烟里，化作呼啸的利剑
　　插入敌心头
风火中，铸成奇妙的山峰
屹立国门口

我也有一双手
春天，轻轻拨动绿色的琴弦
秋叶，紧紧揽住金色的丰收
手，编织色彩，开拓道路
手，向着未来，搏击、奋斗

爱情的砝码

不是不爱你啊，亲爱的姑娘
你看
那边的秀丽溅起血浪
硝烟下
小花凋零，小草枯黄
我怎能让嫩草失去翠绿
　　鲜花失去芳香
因而，在祖国与爱情的天平上
我毅然把砝码加到祖国一方

不是我读不懂林荫，纯真的姑娘
你看
那边的狂风砍断满天的阳光
乌云里
雷鸣电闪，雨暴风狂
我怎能让清晨失去朝霞
　　田野失去金黄
因而，我放弃柳荫絮语
把不幸和痛苦扛在肩上

啊，姑娘
美丽善良的姑娘
你看
山与山正在角斗
水与水正在较量
这不是一个人的战斗
而是一代人的交响
我也是其中的一根琴弦
弹奏着同样的高亢
因而，我才离开
荷塘蜜语、花丛小巷
奔赴那血雨腥风的沙场

1985 年 5 月 7 日

木棉花的回忆

木棉花开了
妖艳、芬芳
记得那一天
你抿嘴微笑
羞赧的脸庞
　　就像那红红的木棉
你摘下一朵小花
娇嗔对我说
这是咱俩栽的木棉
它开花了
我轻轻接过小花
把它带在胸前
从此踏上
　　硝烟弥漫的战场
而今
我戴着勋章
拄着拐杖
归来在

繁花盛开的木棉树下
等你，久久的
但我们没有重逢
你走了
默默地
　　没有对我说一句话
忘记了木棉树
也忘记了
　　这朵血染的小花

1985 年 6 月 13 日

我是军人

军人啊军人
从军的荣称
钢风劲气熔铸一生
尽管我只是
　　风云的缩影
但我的热血
　　能化石成金
　　　化石成金

军人啊军人
天地的忠魂
铜墙铁壁贯穿终身
尽管我只是
　　风雷的化身
但我对和平
　　一往情深
　　一往情深

我是军人

　　我是军人

刚毅是灵魂

　　牺牲是本分

我是军人

　　我是军人

舍己振军威

　　忘我壮国魂

1995 年 7 月

阵　地

阴阳相克的两极
维纳斯与魔鬼的对弈
是死亡游戏
死亡来临的时候
红舌头一卷一缩，一缩一伸
你不想撞他
他寻机撞你
有时觉得他占据全身
只耳语一阵
或者只带走生命的某部分
　　——阵地啊

最狡猾的是偷袭
最老实的是等着火烧的野草
最耐不住寂寞的是枪口
最不安分的是心
最痛苦的是眼睁睁
无力救、也无法救

最浅的是伤口

最深的也是伤口

比伤口深的不是井

不是海，不是苍穹

而是血泊中回望的最后一眼

1986 年 3 月于深圳大学

烈　士

你
将一颗头颅
放在历史的天平上
有如巍峨浑重的泰山
使一切失去分量

你
将一颗红澄澄的心
挂在时代的车头上
如同太阳
使一切清幽角落
掀起阵阵热浪

热浪
热浪
洗涤麻木的良心
冲毁腐朽的城墙

1990 年 7 月于北京

祭　奠

有一朵云
久久停留山顶
有一只绿鹰
声声啼叫密林
有一个太阳
被山脉捏碎
有一只鸽子
突然在荒村中断歌唱
啊，有一颗橄榄
悄悄从春天哭醒
有一种声音
夜夜抽打我的窗门
有一个许诺
被霜炸成枯井
有一片风景
在岁月推远拉近
有一件往事
是我终身跋涉的原因

有一只白蜡烛
陪着我在月桂树下独饮
啊，我不停地质问冬天
那阵风制造了多少花纹
有一双手
是我自由的船
有一个名字
是无边无际的绿荫
有一种多情的神秘
我不停地轻轻试探
我不愿
不愿再失去这个时辰

1989 年 7 月于深圳大学

绿　魂

——给战友

风还是风
一片铁戈声声的疆场
如孩提时的摇篮
野村静悄悄的
长满了白色的峡谷

你走出哨洞
几只黄鹂飞起
海面燃着一束桔红的火苗

信念是一座坚实的工厂
圆月、泉水和阳光
流进每一片土壤
小溪静静地流淌
星光在你身边
　　洒落一地
满天的雪花
　　如一只只白鸽子

在你的心窝里寻找绿荫

又一阵闪电掠过
你跳进去
壮丽的目光透过空间
接近蓝天

你倒下了
倒在夏天的热烈里
心紧紧贴着土地
握着泰山般的深沉

我知道
　　你是绿的

四季一样
　　绿的血液
　　　绿的神经
　　　　绿的天空
你看到了吗
那高山上
　　正在蓬勃盛开的花魂
沿着轻轻漂浮的笛声

寻觅你——绿魂

有多少落叶纷飞

有多少长眠于金色的怀中

　　永垂千古

悲壮啊

　　一代青山

兰花，蓝色的情丝

在淡淡的坑道口
有一缕纤细的兰花
像浩瀚的沙漠
站着一株荫荫的生机
每天它与啸声共存
与月光梦寐
蓝色的生命
摇曳片片蓝色的情丝
它承受了罪恶的鞭打
　　暴虐的蹂躏
也目睹了壮丽的灾难
　　血染的伟绩
钢髓的意志
解开了一道道硝烟的诅咒
倒下去，交叉不少的悲喜剧
挺起身，一夜经历四季雨
即使连根抛在空中
一沾地面

就会迅速地长出馨郁
在它叶蔓的舟子下
任何灼浪的拍击
也是无力的喘息
烧焦的斑点
记载了许许多多残酷的事实
它纤细地放在坑道口
放出沙漠勃勃的绚丽
像一只捻不死的蝴蝶
沐浴阵地
战士弯弯的足迹

求

第一次求你

眼睛

第二次求你

手心

第三次求你

心灵

第四次求你

背影

排球赛

球发了过来
冲破防守
战线就此拉开
救球，反攻
　　交叉，平拉开
难分难解
　　轻吊、强攻、背飞
杀得昏天黑地
红衣在地上翻滚
奔跑着，飞身跃动着
彼此寻找薄弱环节
突破、重扣
实力相当的苦战
不止力拼
还有巧取
战场就是这样一场球赛
只不过玩的是命、搏的是生
不分时间、场合

眼　睛

刚懂事时，我问妈妈
村庄有眼睛吗
有，是井
山崖有眼睛吗
有，是长长的裂缝
我眨眨眼睛，又问妈妈
天，真的有眼睛吗
有，它哭着的时候
又是大雨，又是雷鸣
还有呢
还有船的眼睛是倾斜的桅灯
沟壑的眼睛是深陷的岩层
海的眼睛是突起的岛屿
大地的眼睛是网状的路径
……

太阳系年轻的子孙们

一

战争是火的涌动吗
也许
它黑色的五指
切割生命
就像刀切割透明的玻璃
美丽的梦碎成血的汪洋
它既然来了
就要有勇气迎上去
回避会变得更糟

二

智慧是位孤僻的老者
接近他的时候
你要小心
只要不蛮横无理
他会将有关历史

有关生命

有关宇宙间一切秘密的答案

写满你的手指

特别是在披上战火之前

你要亲自去拜访

或者把他请到面前

提出一切可能提出的问题

不然，他将以血的事实告诉你

单凭勇敢已不是胜利潇洒的旗帜

三

每一个生命的风姿

各有自己独特的颜色

或是九月的秋风

或是三月的初春

要是再插上一朵小花

生命会变得更美

不过，也有例外的时候

在枪口面前

没有乞丐和富翁的划分

也不分孩子和白发的人

弹头洞开的血肉
都盛开殷红的花朵
一样瞬间凋零

四

没有住过坑道之前
只觉得洞内比洞外太阴太暗
猫耳洞住久了
你会觉得洞内有洞内的光明
洞外有洞外的阴森
其实
宇宙本来就是个变幻莫测的洞
每个人都是里面的一根蜡烛

五

一颗子弹
牺牲一个军人
一个军人
牺牲一个家庭
平常我们对着生活高谈阔论
只有牺牲过青春

牺牲过幸福的人
才懂得什么叫做人生

六

纪念章的流行
以不同的颜色
暗示不同内容的坚贞
独有一种纪念章
深刻着丰富的内容
那就是士兵身上无言的伤痕

七

正义的战争
同样能留下遗憾
留下一条生死的分水岭
没有一条邮路通向岭子的那边
然而，真正的痛苦
未必都已死去
只有活着
从废墟中站起来的活着
才知道维纳斯断臂的秘密

八

如果你眺望远方
请挥一挥高坡的枝
那红光四射的地方
可能是辉煌的谢幕
也可能是血溅的开始
踏上那块红地毯的人
有的将永远登陆落日
在青烟缭绕的色彩中
播种梦的红豆
那不是晚霞
而是多少故事化转的云烟
这样的故事久远
放射着相思与眷恋
闪电扭曲了天的形象
也歪曲了你的脸
太阳系年轻的子孙们

九

焦土就是焦土
从不生长谦让和理由

它能使裸脊露背的放牛娃
在疯狂的烈焰中
转换将军的荣辱
也能使战功卓著的将军
在一夜之间变为囚徒
每一颗从红峡谷走出来的树
都经历过一场冬天的思索
屠杀金秋的是风吗？
不，是风的后面
那只无形的黑手

深渊是有的
往往生路就在左右
勋章和微笑也常出现在死神背后
当大地带着山里山外的足音
沉静梦境
唯一醒着的是山和它的哨所
它粗犷的肌体
承担起日月光辉
承担起人类压弯的世纪
每一个历史的胜利

都有山独特的功绩
山纵横交错
　　历史连绵起伏

十一

今夜，死去的人活了
绷带裹满了残肢断臂
他们从星光中飘出来
从原野中凸起来
我们拥抱在一起
路还是路
　　不能替代
如同你不能替代我的生活
然后，听乡雨潇洒地歌唱
伐木歌和牧羊曲
星空多么灿烂啊
如梦幻中世界的分布
我们庄重地托起屋脊
高山之巅
道一声遥远的祝福
我们含泪笑了

如果你去看原野

如果你去看原野
请带着我
带我去看莞尔欢笑的春
我不止一次地假设过
假如给我三天光明
假如给我三小时光明
不，假如给我三秒钟光明
闷极的时候
在任何时间，任何地点
面对任何人
我会憋足劲高喊
色彩就是生命
　　我的生命
　　地球乃至万物的生命
连梦中的寒星
都会引起神经长久的
　　躁动、争鸣
光明与黑暗
只隔一层薄薄的膜

不是每一次，每寸光

　　都能把它冲破

冲不破再来

每次冲击

不会只是嗟叹

　　而没有欢愉

每次欢愉

不会只是踩在脚下

　　而没有高高地举起

每次高高举起

不会只是沉重

　　而没有充实

每次充实

不会只是一闪而过

　　而不春心意动

　　生机勃勃

如果你去看原野

请务必带我同行

征途上

我祈望和坚贞着

同挽一个自由

同挽一个漫长的坚守

你走了

你走了

　　走得这样匆忙

　　如同早晨的露水

　　滋润了满地的花香

　　那么自豪，那么坦然

　　大踏步地

　　　　融进黎明的曙光

你走了

　　走得那么顽强

　　手指依然扣着扳机

　　微笑还留在脸庞

　　带着斑斓的憧憬

　　带着缤纷的向往

　　那天，你曾说过

　　要用战士的英勇来完成

　　　　人生的志愿和理想

啊，你走了

走了

走得这样悲壮

这样匆忙

未寄出的家信

还紧贴着

流血的胸膛

路　碑

——送倒在 95.2 光缆工程中的战友王国强

没有明星高昂的出场费
无观众的幕后
一个普通的农家子弟
从太行出场

当飞身上梁
切断电闸
当拖着红肿的双臂
走出钢筋混凝土的操练
领取每月
微薄的津贴
当大口大口的喘息
小件小件的不平常
积劳成疾的身子
发出金属般
疲惫的裂痕
他自始至终

只有一句台词
——我是战士
说完对着大山
撑出立正的姿势
又一座高原的路碑

这座风雨雕刻的路碑
绿叶
给他平凡的认识
月亮
给他十五到初一的理解
给他一棵木棉树
红土情遍布枝头
在中国转折的巍峨深处
盛开血泡和老茧
盛开晕倒又站起的微笑

这尊燃烧的路碑
刻着标杆、刻着桥墩
刻着他的吝啬
一根刷秃的牙刷
陪他刷亮 168 天的军旅

刻着他的慷慨
何止是一个月的津贴
全部给了失学的孩子
何止是远山的酒吧
曼舞蜻蜓
何止是收音机里的点歌
很少点给作者
何止是山川的军魂
似阳光凝结在一条根上
和平建设中的倒下
像星光落地无声
这座无言的路碑
一条路从身边穿过
开通眼睛与眼睛的光缆
接收鸽哨
接收雷锋
回国定居的议论
几千株路边的泪眼
为你送行
十九岁
跟土地永远

墓 碑

如果没错
一座座静默
是一节节
　　一段段
　　站立的黄河
它就不会无声无息
对吗，祖国
它会拢目凝神
　　登高望远
会波峰浪谷
　　奔腾激荡
会护月守阳
　　孕池育港
也会载舟覆舟
　　穿城越巷

朝你回望

把乳名还给涓涓的小溪
把梦幻交给山村的小雨
我像一滴星夜的露水
初寻边陲的小路
向你回望
你褶皱的双手
是我海湾的摇篮
你用河川和星空
织出了沸腾的我
我就是你的星光
是你所有的忧伤
也许离别是永远的开始
我挥动的手
才像风中的旗帜滚烫
二十岁的韶光
如春梦瞬间掠过
活、千姿百态
死、百态千姿

海龟万年
不如飘落黄昏的一缕鸟语
我不想用边关的风
来装饰自己的威仪
是焦土突然在田野中集聚
我才像一滴星夜的露水
匆匆地来去
在无我的境界中
推深你的葱郁

塑　像

我走过那棵
　　被风修剪过的树旁
有一双僵硬的胳膊
冰凉地搂着
　　一对冻僵的白鸽
这尊塑像
　　像伟岸的泰山
矗立在我面前
我陪着我哭泣的心
用颤抖的手
点燃一根“中华”
衔在他的嘴上
弥补他十八岁的遗憾

1987 年 10 月于深圳大学

石像下的沉思

——游石林阿诗玛

是二月纷扬的传说
卷来两只划行的小船
在你打结的目光里
我寻到了远离航线的目标
是三月飞奔的渴望
掀起我满头蓬松的问号
在你裸露的伤疤上
我得到了不无悲怆的满足
无声的汽笛
无声的波涛
只有你能听到
听到在你的脚下
揉碎古老的歌谣
是今天的太阳
不再照射昨天的故乡
是昨天的月亮
不再投下今夜的彷徨

不然

凋落的杜鹃

怎能开放出火红的朝阳

合上这组悲哀的镜头

走进焦土
一只婴儿的小鞋
被剥尽叶子的枝高高挑起
仿佛寒光闪闪的刺刀
挑着一枚小小的头颅
枯黄的绒发
一次次迎空飘散
又一次次被风裹住
还有残肢
还有断臂上的衫裙
这绝望的旗帜
在践踏中伸着长长的乞求
我合上潮湿的睫毛
合上这组悲哀的镜头
似乎听到向日葵落地的哀叹
听到橡胶林几株海棠的哭诉
凶手被当场击毙
可凶手的背后还有更大的阴谋

灾难的伟大

常成为一群人的格言和风流

是谁朝天射出一串悼词

击中沉默

是泪水，是愤怒

是满脸铁如青铜的战士

把生命下了赌注

那只小鞋像一轮冷月

挂在心头

河

这条河
上游很静、很清
粗犷的流，弯弯的流
虾多、鱼多、虫多

这条河
上游很静、很清
带着古朴的梦境
带着倔强的野性
草多、船多、网多

当热潮退走之后

当热潮退走之后
珠贝还是珠贝
水草还是水草
那些坑坑洼洼的象形文字
依然是这样费解和朦胧
当热潮退走之后
新的脚印又在弯弯绕绕
海燕回击暴风雨的地方
已成了水鸟攀云的荣耀
当热潮退走之后
我们对着岸重新思考
难道每片勇敢的浪花
都是悲剧的头版头条

桥

穿过艰难险阻
横跨南北西东
在难走的地段
穿越了，撑起来了
把挫折踩在脚下
　　道路纳入心中
心胸交给天地
　　脊梁铸给路人

阳光一点

又一批山林遣散
引出一个沉重话题
赔不赔付、何时赔偿
赔的是阴债还是阳债
断流的小河明白
既然都已过去
何不阳光一点
阳光一点
云开雾散
阳光一点
健康不远
融入城镇扩张的今天
你可以纵容欲望
但不能迷失方向
可以抛空昨天
但不能透支未来

阳光一点
蓝天不远

一座山的倒影
不足以推翻明镜高悬
如果阴影
　　就在你面前
一定是更高的山
　　挡住光线
只要调整姿态
你会看到太阳没有沉沦
在水那边

阳光一点
太阳不远
夜色是地球的影子
黑暗是人类的反面
摸索行走
也是穿行
爬行了几千年的长城
不也在天安门广场
　　昂首站立
不信，你看英雄纪念碑

阳光一点
峰回路转
山高水长
没有过不去的沟坎
挫折是帮你
成长的一只手
苦难是播种坚强与
智慧的另一土壤
既然连死都不怕
还怕活吗
生活还得继续
每天都有新的太阳
至少还有星光点点

我曾在路边
指责一双翅膀软弱
意外发现
山崖上的寒梅开了
梅，不是阳光
却开设阳光专栏
那花开遍视野
红透万水千山

火柴也是阳光的代言
跟摩擦层
亲热相交密切相处
如果你是我的火柴头
那会碰撞出
　　多少青春火焰
点燃何等美妙时辰
如果你是
理想和事业的火柴头
又会激起多少热望
掀起何等火热场面
爱就是这样开始的

阳光一点
魅力无限
你可熟知豆蔻起源
情是无形红豆
红豆是有形情缘
如果未曾见过
你看天上的太阳
那是我今生遇到的

最大的痴心子
你的痴心在何方
是南国风情
还是北国草原

想要蔚蓝先做太阳
想要空间孕育翅膀
生命阳光才能给人阳光
心存高远
空间广阔
　　任你飞翔

阳光一点
风采依然
阳光一点
捧出笑脸
阳光一点
星火燎原
就这么一笑
就这么燎原
你已将
妩媚与精彩带给人间

阳光一点

信心重建

阳光一点

美丽再现

阳光一点

光明不远

就这么明澈

就这么点点

你已创造灿烂与温暖

干　杯

干杯！干杯
跨越军规只一回
趁出征的森林还未卷起
旋转的风
趁飞云盖顶
有暂时的安宁

干杯！干杯
无需眷恋挥动的青柳
无需躲避女人的雨季
你看黄昏正悄悄地离去
带走一个神秘的暗示

来吧！把一年的酒斟完
不，把一生的酒斟完
喝吧
用钢盔作为壮行的酒杯
才是军人对生命
最完美的礼赞

自从衣领长上红峰云
战士的头颅
便交给时间

不要问我后不后悔

不要问我
失去双泉
　　后不后悔
要追寻
就寻视黄山
黄土高原的皮肤
十亿中的一只鹰
只要血管
　　还奔腾着长江的波涛
只要心灵
　　还有烽火台的烙印
风暴来临
抗争就是长城

不要问我
失去双泉
　　后不后悔
要追寻
就推门走进园林

春茸茸的绿

　　绿莹莹的春

迷住早晨

黄澄澄的秋

　　水灵灵的果

醉倒黄昏

只要树枝还抓住甜蜜

只要夜神还属于群星

野火烧来

泉水印染平静

不要问了

不要再问了

后悔只属于褪尽颜色的心

黄金的笑颜

掰不开我紧握的双拳

海市蜃楼

装不住流淌的豪情

微笑送给童心

林荫让给倩影

而双泉

　　化作翠鸟之魂

营门口

红日跳动
在天海交接处
她站在送走他的营门口
寻找那张消瘦的脸
期待的目光
看着载满凯旋
载满阳光的军车
驶进门口
几辆插着茶花
几辆插着兰草
几辆什么也没有
带着冷风从她身边掠过
掠过那棵路边的白杨树
她站在营门口
站成一尊宇宙间的“望夫石”
望着灯光
望着空旷的大路

1987 年 9 月于昆明

士兵颂

火在燃烧
烧红了那一天的早晨
血在流淌
淌出了那一天的黄昏
士兵啊，士兵
巍峨的群山
烘托着你伟岸的身影
呼啸的狂风
回荡着你呼啸的姓名

淡淡的硝烟中
你微微地睁开了眼睛
深深地注视着大地
留下了一个永恒的笑靥
阵地上
小草遮住你的脸
无声啜泣
白云披上黑纱
为你守灵

火在燃烧

烧红了早晨

血在流淌

淌出了黄昏

1988 年 6 月于深圳大学

水兵爱之二

水兵的爱
从小舢板开始
后来
购了几艘济远
只是羡慕于人的嗜物
望而生叹的摆设

鸦片战争
不止是水兵的灭顶之灾
也是带着血泪的奋起
经过漫长的洗刷打磨
水兵的信念逐渐壮大
　　迅猛提升
近似航母的看家本领
水兵意志坚定
爱得坚决
如同驱逐舰、核潜艇
气度不凡

我见过水兵
东海出巡
起风，劈波斩浪
风止，海花似锦
水兵的爱
狂放而又细腻
海有多宽情有多远
水有多满爱有多深
细腻得精确到岗
不止导航定位
倾斜有幅度
　　观察有角度
看问题有深度
　　行为有尺度
吃喝拉撒、分秒数控
遇上攻防训练
迅猛快捷
静，只见影子
动，惊涛骇浪
神龙见首不见尾

小河沟没有水兵的爱
如有，也是千水汇聚
　　海纳百川
天鹅湖也不常去
那是候鸟栖息地
如去，也是丑小鸭
　　变成美天鹅
他们青睐深水港
爱得赋予吨位
　　动力十足
也在浅水湾
滩头补给
　　海岛救助

也许
你不认识水兵
如果了解塘沽炮台
虎门销烟
你会理解水兵为何
爱得深沉、那样浓烈
推崇居安思危

信奉经度、纬度
所走的路
不是陆路、天路
而是灯塔航程
底色、天蓝地蓝
别的色彩交织辉映
只要一种结果
　　——精彩

水兵的爱很柔
　　柔若海水烧不毁
水兵的爱很刚
　　刚若时间砍不断
水陆相交
天海相接
水兵在哪里
爱在哪里熠熠生辉

假　如

假如亲爱的姑娘
长久不见
鸿雁从南边飞回
高山上的片片红叶
便是我绵绵情书

假如我浑身鲜血
闯进妈妈的梦境
妈妈哟，你千万不要哭泣
你看，旭日也是鲜红的
你看，国旗也是鲜红的

假如月光再寻不着我的背影
假如泉水再听不到我拨动的琴声
假如竹笛再吻不到我的嘴唇
草丛中花在微笑
我已化作国境线的一段

战壕生活

闹市的繁华
海滨的旖旎
这里没有
五彩的甜蜜
醉人的摇摆
这里没有
这里有的是
　　炮弹掀起的瀑布
硝烟编织的浓雾
以及山崖上
那片没有受伤的松涛

在这弹雨纷飞的阵地上
天空是湛蓝色的帐幕
战壕是长长的特制软床
硝烟是撑起的蚊帐
烈火亲吻战士的脸庞
当明静的月儿挂上树梢

风沙把刚毅送入战士的心头

严峻伴着露珠降临

群星洒下故乡的灯光

生死的指间

流出遥远的秋波

是一片浅绿浅绿的海洋

海洋上托着一对遥望的眼睛

1986 年 8 月于麻栗坡

战 争

闪电将一个殷红的烟头
按在大海碧绿的胸脯
疼痛使它遍体久久颤动
在急骤的惊恐中
扩散的烟雾
夹杂着一种异常的腥气

1989 年 6 月于深圳大学

每个人都有做太阳的机会

——给少年儿童

芬芳的脸庞
灼烫着我厚厚的手掌
那十年的雪浪
早已甩进历史的隧道
再不会重唱于大街小巷
一对对
　　蜻蜓般渴望的目光
火一样走过田野
走过我的心房
我纵横交错的血脉
奔海流江
每个人都有做太阳的机会
都有一段锦彩四射的回想
我泪闪，是我惭愧
不是春风
不能用青枝细柳
穿梭你的梦港

也不是腾腾的太阳

给你半山绿影

半山红光

但我可以把全部的激情

盖在你的肩上

我裸露的脊梁

是通向远方的台阶

是你攀登时一点

粗犷的力量

初　恋

为何开始不曾留意
何时结束不曾明晰
只记得轻飘飘的
时光如云
一盏豆蔻的灯
从楼兰闪进心髓
不知道什么时候
炽盛的火焰已布满枝头
烧烫双颊
冷却的岩石依然透着红晕

冷却的心依然不断柔情
一壁山，一条路，一朵云下
仰面躺着一个紫色的地名
那盏豆蔻的灯
遮着，藏着
每阵风来
惶遽如火
我不知是留下还是逃走

什么时候开始
并不重要
什么时候结束
也无需诘问
只知我的空间
　　跟鱼有关
累累突破不了
江河的尺寸
那份惬意随着时光畅游
那么认真
几乎让我把真挚用尽

坦克人和他们的坦克

坦克的歌
在于对拉
而不是自弹自唱
坦克人的舞蹈
像他们的坦克
带着脚链
舞步铿锵

坦克人的梦
坐在
坦克里、目标上
地上与天上
坦克人的坦克
只有两种炮
一种钢铸铁打
有声有色
一种是电镀的
炮管很长，无形

坦克配上刺刀
像多兵种的攻防转换
充满魅力
它是硬茬子
急脾气
有它的语言和个性
温柔时
任你等跨坐骑
急红眼
风声鹤唳、啃铁嚼石

我不是坦克兵
但我参加过集结对抗
那不是普通演练
而是
信息的暗礁、急流
铁尺钢牙的
吞云吐雾、翻江倒海

翻开历史
它的出现
给兵器谱注入划时代

它不是
海中龙、空中魁
却是平原虎、深山狼
是车中王、炮中神
是流动的阵地
运动的城墙
移动的
碉堡、战壕和指挥所

当今的铁甲龟身
谁最硬邦
看看，被扒光
衣服的地区便知
如果铁甲
不只包含军事
会有多少
改头换面的
轻型和重型
冲撞东、西方的心神
它是强硬派
谁有实力

谁做坦克
其余的
只能是尾随的运兵车
或者沦为接头的
阿 Q、王婆什么的

跟它打交道多了
你会得出一个真理
手上没劲
别扳手腕
不然，扳不倒对方
反被扭伤胳膊

扳不倒对方
脚踹肘击
手上没戏
脚下有活
战无定式、谋无常规
如同红外线
增援瞄准镜
电磁波干扰接收器

我熟悉的坦克人
玩的是铁
操作是钢
学习是铁
运用是钢
承受是铁
担当是钢
春夏秋冬
磨练出钢铁意志
连说话办事
都有
坦克和坦克炮的气质

他们崇尚的
不是小桥流水
不是花开几朵
叶青几时
而是花分两枝
一枝只结胜利
另一只结的是恶果

他们一路走来
驾驭的不是青春
不只坦克
还有走向
还有持续的动力
凝聚力和战斗力
还有未来与科技关系
一个个已经超越
或正在超越的制高点

班　长

没级别的级别
不记名的首长
别看他职小位低
小到针线包
大到规章制度
每天，摸爬滚打
吃喝拉撒样样涉及

他是品外品
位中位
是卒上卒、卒下卒
是前锋、后卫
是士中王、兵之母
任何从军的人
不经过他的流程
士不成形
人不成气
官不成样

他是标杆、与他看齐
是领头羊、以身作则
是模具、复制样本
是枝叶花草、阳光星光
绚丽多彩，又——
说不出它们的名字
我的班长是云南人
有着鲜明的高原特色
说话做事
山一样直露
江水一样湍流跌宕
他说：部队是炉
不是染缸
不要有点颜色就开染房
人已投入其中
就别再想是不是太阳
不经炉火
哪知优劣差距
不经冶炼
哪有铁壁铜墙
是钢

就有钢的品质
是铁
就有铁的含量
既然同火同炉
就得同热同冷
同煎同熬
就得你中有我
我中有你
别只惦记
自己的那一亩三分地

如果一个整体
是把枪
人人都是协作部件
如果一个班
是只鸟
大家都是肢体五脏
班长和副班长
是头和翅膀
鸟无头不飞
枪无子弹空忙

再小的单位

也五脏齐全

再小的细胞

也有它的作为

再小的鸟，都有

托起自己的翅膀

再小的翅膀

都有天地翱翔

硝　烟

蜿蜒在地上爬行
在空中游动
它是怪头蟒、响尾蛇
被咬上一口
太阳也在驱毒疗伤

它是恩怨交织
利益打磨的
赶山鞭、索命网
对个人打的是死结
对国家却有一线希望
它留下那些残缺的躯体
兑现日月星光

它是超越时空的枷锁
是穿越族群的捆绑
是生与死交易
血与泪赔偿

我厌恶它、诅咒它
却从不忽视它的力量
所以我力荐随机应变
泰然处之
蔑视野蛮与挑衅
力荐云不分国界
爱不分土疆
主张树与树相伴
星与星相望
主张工人责任制
农民责任田
而人民解放军肩负的是
九百六十万平方公里的
宁静与安详

和平！
只有和平，
才是民族最深沉的大爱
最慷慨的大义
才是军人最高的荣誉
最大的奖章

穿　越

山是普通的山
因边关焦点
将形象持续推高放大
几年后
话题沉重
急转直下
光环散尽
恢复它原有的地貌
我陷入其中
随着热胀冷缩
掀起和跌入深谷
滚落的山石
砸断我的脊骨

这不是我第一次负伤
多年前
也在同一地点
在有形的疆场

无形的火坑
被按在命运的案板
刀砍斧剁
如同对手也落入
煎炸油烹的锅里
这是斗牛式的屠宰场
他们是屠夫
也是挨宰的对象
我们是豺狼
也是羔羊
那个十七岁的小山东
在穿越生死线时哭了
但没有退怯

就在那棵
连根拔起的树旁
好几个
十八九岁的云贵川
点燃血性的气焰
刹那间
空气撕裂

火光冲天
分不清谁化作灰尘
谁走进烈火中永生
谁是火炬
谁是人体炸弹

我从昏厥中醒来
世界被一劈两半
一半是黄昏之前
一半是日落之后
摸索许久
这才发现
我已陷进终身的黑夜
命运关闭我的双眼
我却用心去追寻光明
尽管我被
拆卸得七零八落
扔得一路都是
但我一直从
蚂蟥的嘴里
夜莺的爪下

争抢着灵肉
投入生命的重建

从那时起
我便在山中
开始一生的跋涉
也是从那时起
我拖着残缺的身躯
用倾斜的人生
求证生命的不等式
用硝烟熏烤的肢体
努力做着
没有硝烟弥漫的事情
虽然残疾
出乎意料
渗透我生活的方方面面
虽然道路曲折
荆棘丛生
但生活还得继续

生活　衣服

突然的荆棘撕破衣衫
风吹来，破口两边
相互指责，扭打在一起
昨天，还是
密不可分的朋友
今天，便
反目为仇
生活多像衣服

撕开可有替换
缝合可有针线
岁月穿在身上
体会冷暖
人不是衣服
身心却要御寒
如果身心撕裂
我拿什么去补

我拿什么当针线

是真情阳光
还是星月飞针走线
补丁打在路上，是
脚印
打在沟壑，是
桥涵
打在海上，是
岛屿、航灯
打在悬崖、断壁，是
锈迹斑斑的壁画、文字
心上的补丁，是
白发慈爱
还是某段寒冬情缘

山水也有补丁
补的是边贸
还是口岸
山脉对峙之前
口岸并不锁边
也没有铁打的纽扣
钢铸的袖管

衣服不是疆界

可多像疆土

如果疆土撕开口子

要多少人填进去

我和我的父兄填进去

他们和他们的姊妹填进去

昨天

草木还在血腥争斗

今天

便已破镜重圆

这边、那边

山水相依

共揽一湾和睦

我抚摸界桩，如同

抚摸着亲手缝钉的针脚儿

昨天、今天，一字之差

却包括了多少内涵

阵地也是补丁

补的是死亡还是和平

有人说

这是，护身符、救生圈
也有人说，这是
追魂令、索命链
如果追魂
追的是谁的魂魄
谁的躯壳
如果是生死牌
是发放给山水
还是云彩
我见过瞬间的枯萎
永恒的凋零
那不是一片叶子的热血
而是酷似
秋风扫林的刨荒
信念与信念肉搏
意志跟意志对决
高尚与卑劣同在
救助与劫杀并存
拼杀与争斗，是
一个问题两种表述
如同输赢叫做胜败

智慧叫做诡诈
捐躯也叫阵亡
至于功过得失
经典范例
以及肩上的相思豆
那是日后人的课题
而在这里
撕裂的
不止树木、不止空气
埋葬的
不止纸鹤、不止月圆
我不大适应
这种刺鼻的场所
交代一件事
常要眼泪作陪
所有人都在人兽转换
生死突围
你可以不问
是何烧焦
殃及何物
但不能不做

绷带所做的事
多年后
有人并不顾及别人的炎症
迫不及待
在落实到户的伤口上
绣上鸽子、橄榄枝
当这边和那边
随手相握
也就宣告一个年代死亡
那个季节
似乎什么都没有发生
成了杂草丛生的断代史

伤痕绣上鸽子
就能春风化雨
鸽哨阵阵
如果绣上蓝天碧日
还不从此没有黑夜、乌云
这种小孩的戏法
在大人那儿
玩得一身劲

难道想要青枝，不可亲手栽植
想要鸽子，不能垒窝筑巢
别总是寄予庙门
拿着伤疤当祭品
一旦天地撕裂
还有没有日月针线打牢
还有没有女娲补天
后羿射落灾难
我抚摸着墓碑
如同抚摸着
戳在大地的绣花针
针刺穿什么
野草和蜘蛛网
比我清楚

都说生活花样翻新
补丁
永远是对美的歪曲
不，不都是这样
推新只是除旧
琳琅满目

也只增加选择途径
时髦与崇尚
不止量的堆积
纵有千种款式
也不能忽略质的量身

如果生活真是衣服
那也是
一人有一种穿戴
一人有一种风姿
一个时代有
一个时代的缝补方法
不是每条撕裂
都无法缝补
不是每次缝补
都留下针脚儿伤痕
不是每道伤痕
都把生命丑化
而没有力的浓缩
美的几何结构

杨树上的那群白鸽

——献给白衣天使

像一颗颤动的星
追寻我痛苦的海洋
用它洁白的手指
折断我忧郁的目光

像一朵轻柔的云
飘进我洁白的心房
在我冰冷的天地
孕育五彩的霞光

是路边那颗葱茏的白杨
摇落了我往日的苍茫
是杨树上那群快乐的白鸽
接通我歌声的悠扬

哦
我断了源的情泉啊

又在大地的指间

喷涌流淌……

1988年9月于昆明43医院

活着，但请记住

（一）

由小小摩擦
到枪口大动肝火
遥远的异乡人
携絮状、涛状火焰
涉入
光和影
生和死
人、橄榄树、灵魂
弹药和军犬
只有战火分不清
这是网

战火深刻的背景
是让夜富于象征
鸽子富于内涵
蓝天和阳光

富于不可争辩的信念

准星崩断了

地球所有的经纬

愈合伤口

需要怎样的

忍耐和时间

（二）

灯和海的梦境

被火焰吮成废墟

美与钢铁相撞

揭示了

维纳斯断臂之谜

重病的地球和一只

惊恐的翠鸟对话

惨淡的生命

握有春暖花开的理由

一个人

受到一朵花的鼓舞

接着是一批、一片

成群结队

总有这样的人
割断了双腿
还誓死捍卫道路
总有这样的人
枕着大地睡去
长成醒来的树
苍翠欲滴
多么宁静的肉体
有时只用自己的绿色
轻轻絮语
从——
最高的山峰
传来了声声
——“和平”

（三）

沿着曲折的风云
沿着深层的心思而来
像几年前
加入扑火的行列
冷却的枪炮声

酿成一杯杯
更滚烫的名字
更浓烈的情谊
我高高地举起
那种，人将死
心，豁然开朗的感觉
使我和山同在
和征途同在
可我未曾想到今天
就连
自己的目光碎在哪儿
面对面的遭遇之地
都辨认不出
也许被燃烧的冰雪
溶进了土里
也许那顽强的路径
爬到另外的海
另外的陆地去了
在这片土地上
这片像地雷一样冷静
爆破筒一样

坚决的勇士之地
如果我也
跟着别人随意假设
每棵松枝都会变成
刺向我的刀子！

我真想
睁开眼睛看看现状
看看我落在
地球上的眼珠
究竟变成草尖的露珠
还是两粒孤独的石子
曾经爬过的山
以光秃秃的凄凉
期盼绿森林
曾经淌过的溪
呼唤着逝去的甜美
我留在黑暗里
尽管我想
看看我的玫瑰屋
玫瑰人是什么样子

我留在
光明的意念里
把色彩献给爱我
像爱原野的人们
我留在黄昏里
不是为了彷徨
而是为心中的木棉
尽管战火
没有因为我的勇敢
改变它的主张
就像落叶年复一年
听不到我的感叹
我依旧残缺不全
但没有坍塌
用顽强的手
握紧蓝天的开启
握紧一缕缕追寻的
瞳仁里的光辉

（四）

信念忠于心灵

像乳泉忠于老井

自从那群年轻的坚贞

走入那个黑夜

就再也

没见他们走出来

有人说他们走到天上

投身闪亮的群星

但我更相信

亲眼目睹的

他们化入

煤层的一闪身

黑色的酝酿

黑色的燃烧

大块大块的挖掘

推广火种

推动大小车轴

驶向流线型的站台

那群年轻的坚贞

蓝宇、蓝海

蓝帆、蓝幻梦的坚贞

超克拉的性格

珠翠闪烁的年龄

黑色的地热

通过地壳

传递季节的能量

（五）

翻动的脚步踏进

记忆深处的那部分

群山集结

投向闪电的埋伏

人们的眼神

因摆脱绝望

刹那间

发出矿石一般的光泽

群雕出现了

出现在广场上

出现在站起的长城上

牵动着大地的

纬度和光明

能理解这一切的

未必都在歌唱

如果群雕只走入广场
而不走入人们的心中
如果走入人们心中的
只是拼杀的姿势
而没有舍身的形象
再高大的塑造
也是躯壳
也是自塑自像
自弹自唱
握枪的人只懂得射击
草叶也会
割断他的手指

（六）

给我一束光吧，太阳
阴雨天多了
要把五脏六腑
掏出来晒晒
这是脉跳的需要

真诚的种子

被厚厚的岁月埋住
也压在我心里
那是荒芜时的启迪

怀着忠诚的渴望
摸索而来吧，太阳
面前的峡谷
是赤裸的峡谷
那棵光溜溜的松还在
指着天空
好惨的断崖啊
连同清晨
一起被火烧焦
我问身边的几对情侣
看到了没有
他们终于没有看到
那一声呼喊祖国
大美至死的呼喊

今天我用它
描绘生活的轮廓
用它判断我脚下

准确的位置
面对一沟沟、一梁梁
响当当的名字

重归焦土地
已不是焦土
我体验着阳光的交易
星月的边贸
体会着和平的口岸
有过火舌的开头
握手的结局
枫叶一样的红
从僵持到融化
从争夺到和解
走了一段曲折的回归
活着但请记住
根入土也入心
云入天也入地
死挡不住生
如同来挡不住去
冬天的价值在于春天

战争的目的就是和平

重走焦土地

雾，还是山中雾

每个太阳都是新的

山青青，草青青

卧魂青青

橙色生涯

——纪念老兵周忠仕

瘦瘦的棵苗
是你的枝条
高风亮节
是你人生的写照
海，离山村不远
多年后你才涉足

一路走来
挫折教你握手
崎岖教你迈步
寂寞或许也是另类花池
只是在你转身后
才能品出水彩中的元素
贫贱与单调
同样是老师
不会只让你忧烦
也会让你欢笑

不止让你成长
也让你在成长中
学会思考

一路走来
带着你心中的木棉
布满枝头的青春火焰
那是天开的火红
地织的云霞
是人们赋予的
英雄树、激情花
走进它
就是走进广阔天地
跃过巨浪断崖

一路走来
你在时空的穿梭中
经受着历练
将校园、军营
当山地、水田
播种你的热血天地
铜墙铁壁有魂

抗击风雨雷电
钢筋铁骨有魂
镇守安宁家园
所有的色彩蕴含橙色
所有的橙色
都是人间万物的支撑点

我认识你时
你不止是边关老兵
还是一位丈夫
两个孩子的父亲
她俩是彩笔画
你是书法家
孩子们是小山茶
你爱人是芙蓉花
你本该把阳光
抛洒到他们身上
但你更是一个团的政委
因山的凝聚
水的向心
披星戴月

铸造钢铁长城

你是你的耕守
也是部队的庄稼
是别人的园丁
也是献身和平的
巍峨松林
我也是这园松林一棵苗
听你，时而金矿
时而春耕秋收
却不知
是做矿砂、还是做庄稼
如同苗不知如何冶炼
矿石不知怎样发芽
只有带着委屈与疑惑
任你修剪、敲打
一年后
我胸前结出
一枚小小的果实
金灿灿的耀眼
说不清是黄铜

还是金币
你拍着我的肩膀
这就是你的橙色
有多少含金量
让现实检验

当战争的利爪撕裂空气
当从天而降的网
越收越紧
当溅起的霹雳扭动狂欢
当大大的嘴巴
长长的舌头
在沿途、在谷上谷下
幽灵般一伸一缩
吞食着年轻的生命
当十八岁的
那个开远小伙
捡起头皮像捡起军帽
当二十四岁的大贵阳
扑向焦躁的地皮
用单薄的身体滚出一条

鲜血淋漓的胜利
当你用不怎么宽大的手
在转弯处，逐一合上
那一双双圆睁的虎目
当我第四次用伤口
与前仆后继对话
依恋地
把挖走目光的眼球
塞回眼眶
你在你的岗位
挥着手臂
高喊祖国就在身后
于是，人和血性相印
身与钢铁相依
分不清
谁是钢刀、谁是地雷
谁是挺身而出的爆破筒
谁是撕开垭口封锁的
曳光弹、子弹、炮弹

两天后

我在存亡的转运站往返
你在生死的通道中穿梭
两月后
你首次把智勇忠烈
与军魂连接
参与铸造
并提出山的精神
两年后
当你我又一次站在陵园
清点花名册
泼洒下的酒水
似青松翠柏
滚出热泪
我凝重地写下
我是军人
刚毅是我的灵魂
我是士兵
牺牲是我的本分

二十年后
你倡导的橙色

跟建设一流部队
那一支支雄狮劲旅
不谋而合
在你身后
涌现出一批批
金牌群体、金质梯队
而你早已是
众口皆碑的先行者
然而
在通向险峰的征途
你既没先人所踏出的捷径
也无直上九霄云梯
我多次为你谴责阴影
你总是淡然一笑
仿若一切你都知晓

你是攀登者
航海史上没有你的姓名
你是英雄虎胆
荡气回肠、出生入死
你是不受衔的将军

不入册的伟人
你跟毛主席同生日
走同一条路
唱同一首歌
尽管不处在同一时空

你是铁打的营盘
流水的兵
不是先驱的先驱
烈士的烈士
就在站完最后一班岗
筹建英烈馆的路上
烈火真金的你
还是在烈焰中蒸发
化成无形的
警示牌、信号灯

你是桥
把沟坎揽入身下
交给别人的却是脊梁
是拦洪坝
作堤的时候

挺胸抬头、巍然屹立
作岸的时候
让船一次次安宁入港
一次次扬帆远航
你是我宇宙中的一颗星
至死追求光明
在你划破天际
隐落苍茫的周年
我深深地为你祈祷
就像你深情地祝福大地

如果冥冥中
真有天堂、神域
你一定还是
生命的筑路工
灵魂的修复者

心上的橄榄树

小片小片叶子
散发小片小片忧伤
小颗小颗果儿
摆动小颗小颗惆怅
小只小只鸟儿
轻唤小朵小朵阳光

七月，我面对黄果树瀑布

神鞘抽出的呼啸
也无力砍断
前仆后继的道路
险阻证明
这是万里路上
常听
但不常见的跟头
这是前进路上的坎坷
挫折中的一次跨越
源头不枯，依然是河

泉水不死
依然跌跌撞撞
接上脱臼的筋骨
搬案上凳
重振万马奔腾
卷起千堆雪
天也是一重大地

银河的平静

只是激流

远距离的缩影

这是拉近的银汉

近距离在人前闪动

这是一种打破

原有的平衡式的打破

这是一种倾斜

胸怀大海壮观的倾斜

这是强悍的

粗犷的高原魂

是低垂和高耸的

水的宣泄

山的气质

虹和高楼立交

同样是另类瀑布

交给四方喜鹊完成

地也是一层天

一条蛟龙腾跃

溅起万丈豪情

走进他

走进热血冷石

走进他

每座沉默都在开口

每条峡谷都在倾诉

每种抽象都有形状

每根草叶都有肩膀

七月

我面对黄果树瀑布

这是大海回首的激动

这是沧桑点出的惊叹号

这是一张银帘

卷动帘后那远去的时空

这是一把金梭

织起山河锦绣

这是自信的狂放

打磨自信的钢凿

砸下重锤的回响

凿通头脑中的地球

抹去心与心的边界

让那边风与这边风对流
空气新鲜
不同国籍的翅膀和果树
朝着向日葵的方向呼吸
我面对黄果树瀑布
他用雄性的嗓子
对着世界浑厚地
喊出——东方
他用中国古老的礼仪
对着伸向远方的路
弯下九十度角的祝福

寸　爱

从树上到树下
只有抬手的距离
这命运的一步
如同秋春隔冬遥不可及
我有破土硬角
像入世玫瑰
长有木刺
只不过
我没有那样锋芒
刺穿你的手掌
真情相投
不是随意拿你只捧在手里
爱的树上
有枝
有杈
也有结

爱的枝头

有花

有叶

也有刺

花开情动

叶落刺急

我的叶边也有细齿

划破有伤、疼痛无痕

更多的是

垂挂露水

生命不能没有雨露

否则

连根枯萎

我也有果木的心

一展

多姿、多彩

多想给你

桃花开、梨花白

给你田野的果熟瓜甜

但我是草

没有足够的空间

容纳你的奢望

我只有守在路边

守着这举手的距离

枝上、枝下

相伴不能相依

相隔又始终相望

什么时候

我能跨越这抬手一步

坐到你的身边

一起耍闹

一起翻飞

也许我太过稚嫩

这不是简单的

枝上枝下的关系

你不是花

我的确是草

守着你

清晨的来、黄昏的去

阳光的身姿

阳光的来去

暗淡的是

遥远的地平线
模糊的是
你远去的背影

暗淡的是
逼近的夜色
模糊的是
我的双眼
你径直走进你的
大厦、玫瑰屋
忽视了我的存在
当你欣赏着
成套的思想
成片的期待
你的脚
已踏向我的头
我知道这是意外
你不会
用街头的球鞋
向我亮出鞋底
我躲闪着

企图推开盖来的降临
我昂着的向往
还是踩入盆腔
就像古建筑
突然遭受爆破
轰然倒塌
遇上你
是我最大的掏空
五脏六腑翻了个个儿
那些心里的、心外的
茎上的、茎下的
叶绿素之内、之外的
要多少年
才能回补
难道花草的更别
非得铲除另一种
就不能像
体育馆的草木跟
钢筋水泥那样熔铸
鸟窝跟
天坛、颐和园的

建筑群那样凝聚
在欲望耕犁喧嚣
利益膨胀一切的年代
谁会在意草的生死
根的断裂

谁能听到
一棵草的哭泣
听懂草情、草语
认识你
是我最大的涅槃
这原本可以避免的事
被阴差阳错
扯得支离破碎
那些戴着面具的垃圾
趁机而入
我喷着鲜血
承受鞋钉
想到你
挑开的皮肉也有血泡
有穷困的脓疮

想到你
长出的新肉不止伤痕
也有脉搏强劲的主动脉
魅力现代的干细胞
我愤怒的叶剑
垂了下来

我是爱你的
即便是狗尾巴草
在狗尾巴的天地
通过狗尾巴的语言
流露出来
也绝非捉弄
我只是说
浪漫不要轻狂
自信但不自负
你可听到
我的夏叹、我的秋恨
看见
我的冬望、我的春归
认识你

我遭遇生命最大一根刺
又一根入心
我捂着伤痛
捂着牧歌
捂着蛙鸣的离别
走进
空前的撤退与迁徙

身前、身后
树上、树下
看过一千遍
我终于从
超越树梢的目光看出
生命不在于承受
而在于担当
担当不在于多少
而在于亮出肩膀
我水里生水下长
土中生土上长
大地不死
依旧是坚韧不拔的形象

天地不死

依旧是坚定不移的走向

英雄不问来路

壮士不顾来生

即便是死

也化作你坚实的土壤

你看见我了吗

给点春风就动人

你看见我了吗

有点温暖就阳光

你看见我了吗

沙石间的顽强

荒漠中的倔强

野火烧不尽、春风吹又生

那份开石破土的力量

我矮矮地生

矮矮地长

没有花香地生

没有树高地长

穿越天涯地生

遍及海角地长
有着直露的胸怀
也有面对的胆量
一次次被大脚踩倒
又一次次
从阳光、土地那儿
积蓄向上的力量
用单薄的全力
撑起我的
一寸绿、一寸香

用单薄的身躯
力拔我每天的一寸高
你可想到我的脆弱
我的坚贞
每阵风来
我勾着身子
根拉着茎叶不离现实
心向着天空
抽出几瓣弱小的兰
加上我的寸悲、寸喜

便是我生命的全部

这小小的全部

是我一生的高度

这一生的高度全部给予你

我守着寸爱

守着草的胸襟

拥抱着昨天与今天

拥抱着未来世界

你可看懂

我的寸心、寸力

读懂我青青的往返

无果的轮回

扭　曲

巨大的撞击
引发东西南北冲撞
外压与内抗
扭曲了和谐的形象——
一柱炉烟扭曲地摇晃
一条岸扭曲地延长
一座山脉扭曲地支撑
一汪大海扭曲地振荡

走进生活
一个世界扭曲地压缩
一盏灯扭曲地发亮
一份爱扭曲地接受
一朵花扭曲地芳香

一段历史扭曲地填改
一声号角扭曲地吹响
一件官司扭曲地打

一条真理扭曲地传扬

一弯小路扭曲地宽广

一首歌正在扭曲地传唱

身　陷

花如期盛开
是不是深度套牢
草木知道
而对于那些耕收者
注重的自然是果实

自从结识庄稼
这种感觉
越来越身临其境
一生叶青叶落
花开花飞
只为
别人的饥渴和丰硕

如果是为大地
深度套牢
就是深深扎根
深深吸收
就得深深承受

深深担当
深深地奉献一树绿
一树花、满身果
这是付出
也是给予
是深埋的心存感激
也是投入

如果不是这样
身陷其中
任凭刀割斧剁
飞鸟盗取
猴子扳苞谷
边扳边丢
那就大不一样了
世间有这样的草木人生
有这样的操作手吗
有没有
你亲身体会
我只知
有捆绑就有解套

有身陷就有奋起

生不出翅膀

只有丢失天空

造不出船桨

只有让出航道

开　挖

又一沟
伸进腹地的挖刨
星斗醒着
不再说话

很想为这夜以继日
灌注
“宏伟的开掘”等词
但面对这纵横的
许可证都解释不清的
说不上
是获取、还是豪夺
是财源开垦
还是财富透支
我也就随遇而安
不再为深处的挖掘
打着响指

这些年

我已不再刨根问底

如同不再追问

横在大道的收费站

是新鲜事物

还是绿林的买路照搬

我不怀疑愚公的品质

有多少成色

就像不怀疑机械

替代牛耕马驮

只是移山填海

撼动的

不止麦苗的根基

如果只是掏空

即便满地矿藏

大地也会塌陷

断裂不分山体

还是支撑壁

墓穴不论深浅、高低

一种平衡打破

只需小小的一根手指

而建立一种平衡

却不是

一根手指的方程式

还是做粒种子

不要把自己当作金矿
幽寂地躲在深山
伫候勘探者的足音
金子固然能做成
宝光珠翠
可从来就是别人的饰物
还是做粒种子
哪里埋没
就在哪里倔强地站起
别有一番花果的甜美

如果命运不安排你做花

不要为
登不上枝头哭泣
想做花朵
先让自己
林木般静静地伫立

花有花的舞台
叶有叶的韵律
枝上有
枝上的抛雪飞冰
枝下有
枝下的春风细雨

如果命运
不安排你做花
那就平地做一方葱郁
稻穗一样开天
麦苗一样辟地
不求一生长短

但求，用生命的足迹——

这一腔挚爱

灌注着无垠的天地

山道随想

并不是一味的陡险
都能衬托山的伟岸
它站得高，看得远
却看不清，分不明

再高的山有人踩着
再好的事有人抱怨
再丑恶的剧情
有人上演
再悲哀的场面
有人笑着看
再落寞的僻壤
也有林、有鸟
再美丽的人不打扫灵魂
也会变得肮脏贪婪

看看左右
方知进步
看看前后

方知自己的步伐
该不该调整节奏
阴霾，雨季常见
灿烂，季季都有
只盯着收成
再矮的果木
也会炫耀自己的功勋
看看远方
就知山外有山
路没有尽头

江

（一）

长江向东开出
突然掉头朝南
切断对撞的渗透
惊涛骇浪的搏杀
留下许多壮美的橡树
长江是心里的奔腾
热血的澎湃
任何山石阻挡
烟火封锁
江涛都能穿透

（二）

爬行的我
看似没有脊骨
经历漫长的过程
我更懂得千沟汇聚

万水所向
懂得百折不挠
生生不息

我从空气中来
横跨东西
从云中、雾中
从雪山、草地
古木廊林的
毛细血管中来
孕育着古老与现代
我是千年的有根之水
万年的无根之源
劈波斩浪、逢山开石
硬是将
层峦叠嶂、悬崖峭壁
劈成银港金湾
苍松翠柏、瓜果李园
飘香两岸

我有过深重的灾难
那是时代的垮塌

历史的浩劫
有过大的转折
大的摔打与磨炼
每次都是峰回路转
坚贞不屈
走出了一条
与直立行走
截然不同的路径
也许初次见我
会认为我是水蛇怪蟒
盘踞于崇山峻岭
其实，生长在
这片土地的人都知
我是腾天无形
入地有声的苍龙
我的脊梁伸展在血液
出神入化、如影随形

跌宕是我的跨越
曲折是我的走向
有交错才能纵横

融合才有驰骋的动力
我来于大海
归于大海
出生天地
还于天地
滚滚而来、川流不息
投入到浩浩荡荡的
洪流之中去

岸啊，我是——

我是僻静的小路
蜿蜒在你肩上爬行摸索
我是幽幽的月牙
一半亮在你的天上
一半暗在你的水底
我是低矮潮湿的小屋
四壁开着的窗户
我是阵阵鸣响的汽笛
启程在沉静的港湾
岸啊，我是枫叶
是秋林深处点燃的灯盏
有血液也有火焰
我是无人走过的草地
有枯草也有花瓣
我是零点的秒针
越过今天与明天的横杆
怒放在历史的密林深处
我是猩红的梅朵

升腾于清晨的相思树下
我是披在屋顶的炊烟
岸啊，我是白帆
是你风雨中伸展的目光
我是燕子
往返在
你北方和南方的瓦檐
我是贝壳
静静地枕着你的沙滩
我是你身后的池塘
身前的湖光山色
风来的涟漪
风后的瑞荷
就是我对你的私语
我是霓虹、立交
镶嵌在你现代化的城市
我是钢筋铁骨
浇铸在你坚定的意志
我是你的岛屿
是你的港口
通向远方的航线

就是我的希望

岸啊

我的停靠

我的陆地

我祖国的

激情原野、坚实支点

水手的后代

我们奔向大海
每片海滩
有每片海滩的记忆
每次浪潮
有每次浪潮的颜色
我们站在海边
站成一簇簇
青青的水草
我们挥着手臂
打捞各自逝去的珠贝
目光蘸着夕阳
在折断的桅杆下
写下蓝蓝的自白

我们是一群赶海人
来去匆匆
我们是一叶叶白帆
浸透满身海水

我们是水手的后代
疲惫而又
坚定地寻找着岸

仍然是假如

假如不会爱
假如想爱不能爱
假如爱了
又不知爱哪个
这是常有的事
正因为常有
才常听到凑合着过
把妻子当敬香人
把丈夫当遮羞布
爱情只是恬静的银杏树
不会只局限有没有结果
不会只局限文字篇幅
而不悲喜同路
解不开的
还是留给风雨评说
评说又何止是
爱情的栏目

假如得不到又想得到

假如得到了又不珍惜

假如珍惜

是个丑陋的骗局

假如爱情这样

别的也这样

想说的不能说

说的是自己不愿说的话

怎么可能呢

又怎么不可能呢

假如仍然是假如

格内格外

阳光的粉手
抚摸花季鹿角
我在密林流连
不知早已深陷
为我准备好的沟壑

山水是
记录岁月的草稿
印着梅花鹿的故事
鹿腿的跳跃
是弹奏月亮琴的手指
爷爷在
祖辈圈定的格内
弹拨他的教诲
父亲又在爷爷划定的格内
篆刻着他的音容
轮到我，依旧
摆脱不了格内的命运

一手给成长撰着草稿
一手为生存
奏起月亮琴音调坐井观天
那是后来的发现
最初的想法
只是在空白处留下潇洒
知道庄稼苗换了数茬
我才试着用
酒葫芦储存的寂寞
酝酿成破茧的叛逆
格边框定上辈的行为
也修剪掉晚辈的桠杈
我几次冲撞
也没跳出格子
只能硬着头皮
聆听父亲的语重心长
格内的事格内解决

终于有一天
在父亲酩酊大醉时
我绕开他的监视
跳出格壁

那是今生最出格的事
我逃过猎枪的追捕
鹿角的血随着向后飞溅的尘埃
一路飞飞洒洒
而深处那样陌生的位置
却又是如此的熟练
我只是重新坠入另一个格子
继续在格子中徘徊、挣扎

生活就这样
从一种定格
到另一种定格
从一种计划
换做另一种计划
从一种定式
突破另一种定式
从一种升华
上升另一种升华
格内格外
不断跨越
不断填写梦的痕迹

球与球拍

球

心高气傲
不能正确对待批评
稍加指责
一蹦老高
不敲打又没有动力
轻飘飘的
常犯自由主义
不是放任自流
滚到哪儿算哪儿
就是撞到南墙才回头
只有攥在别人手里
压力变动力
才会撒出闪亮的流线
常落入左右不是
前后挨耳光
憋一肚子气的境地

球拍

专业的冷面杀手

对岗位

寸步不离

对内翻手为云

覆手为雨

对外左右逢源

进退自如

不管对谁

都给足面子

一到工作

风声鹤唳

不过，它不是掌门人

只是贯彻坚决的

好搭档、好助手

一旦离开身后的操纵

便头重脚轻

立不起门面

输球之夜

输球之夜
我醉了
仰面倒在地板上
倒一桶冰冷
扑灭一场无名大火

输球之夜
我们都醒着
风砍着明月里的树
沙滩上
有朵鲜花抽泣

输球之夜
那个被世界公认的
有可能获诺贝尔奖的
中年教授
突然心脏病发作
死了

输球之夜
地铁和公共汽车很空
输球之夜
一方还在交战
另一方还在下雪
舞厅里
充满了挑逗的视线
建设工地的灯
依然亮着

输球之夜
教练和队员
没有说一句话
只是紧紧地握了握手
输球之夜
朋友说是输在技不如人
我却拍着桌子
这根本不是问题
而是输在技能背后

输球之夜
有人将鞭炮

狠狠摔进下水道
声嘶力竭地高喊
我们还要等多少年
中国还要等多少年

输球之夜
我们面面相觑
把目光移向孩子

爆　灯

灯是不是光明
我不知道
我只知它跟光明
心心相印

它静立
有形的微笑
无形的表情
有声的言语
无声的身形
灵动、传情
它远逝
所有的夜景退出色彩
所有的色彩退出幻境
所有的幻境退出形象
所有的形象退致阴影

它是真假的扫描
美丑的传真

路径的是非曲直
生活的欣赏聆听
入夜
它是乡村的全神贯注
是城市的聚精会神
是心理的一幕天窗
人生的另一个太阳

灯没了
连吱吱的辞别
忽闪忽闪的眨眼
都没有
溅开的碎片
就像
天体喷出的流星雨
直扑地球
只不过
那是星球相撞
它与超负荷相拥
那在远处
它在近处

我知道有人受伤
而且是
被光拥得最紧的人

当孩子哭叫
刺进黑暗
一双手抢先伸过去
从惊慌的移动中
我判断出他已
转移到安全地带

也许灯的破碎
是一种提醒
别把它挂得太高
悬得越高、摔得越深
也许只是某种警醒
告诉你
不要只是守望
如同高楼作客
不要总在墙根逗留
以免高层的抛弃
砸伤你的头

也许不是
高不高、低不低的事
它在告诫
不要把它
当生命的唯一
大千世界多有雷同
只要把眼光移开
你会发现星空深邃
月明清朗
它们是你
夜路中相偎的恋人
忠诚的伙伴
晴日里炫目的颜色
也许只是你头脑里的
某个人
某棵树
某片风景
或许淡然
然而一旦逝去
茫然不知所措
却只留下满脑子的空白

它没了

陡然从眼前消失

世界顷刻干墨

除了黑天就是黑夜

也许就因它的消失

才显出星色的灿烂

月光的高贵和纯洁

哪有新的期待

新的更迭

只是眼前的消失

漆黑一片

有它

行路不必陷于沟壑

攀登不必恐惧虫蛇

窗外掠过黑影

也能细细地辨认出

是谁轻轻地经过

而不会只在

暗夜的探索中

怯懦、沉沦

五官　四肢

五官
身居高位
为大脑运筹帷幄
出谋划策
这样的五套班子
一样是血肉之躯
一样落入
哪张嘴不爱吃好吃的
哪双耳不爱听好听的
哪双眼睛不迷彩恋色
哪只鼻孔不青睐芳香
这是宿命、还是劣根
我在感觉中体会生活
又在体会中识别生命
生活有没有味道
别问舌头
要问心灵
生命有没有色彩

别问眼睛
要问光明

胳膊
竖起是旗杆
伸出是杠杆
弯曲是港湾
是丈量
情人腰间的皮尺
垂下是门神
看家护院

手足
胳膊肘的尖兵
东征西讨
跟脚深入浅出
志同道合

脚是定心盘、方位仪
是穿沟越脊
闪展腾落的编导
每步迈出、迅速定位

维护新的平衡

它是稳的底盘
静、动的轮轴
正、斜的支点
跟手最大的差别
不是形状
而是使用工具
手，推拉弹拨
收动、编织
出神入化
虚实有无
掐捏劈砍
玩弄于股掌
而它只能巧踩硬踏
自立才会更生
只能深陷
不能高举高打
只能跟基层互相依靠
跟坎坷、泥泞
相互煎熬

倾听飞花落叶
沙石草粪的声音

也许如此
怎么表现
都遭现实冷遇
惹一脚尘土
一脚泥水
即便洗了又洗
也难逃脱脚汗嫌疑
不像手
抓拿捧握、运用自如
不管脏与不脏
洗与不洗
总博得果木信赖
花草的芳心

始终认为

（一）

挖掘机是啄木鸟
出自小孩之口
它参与的催春
蒸蒸日上、超越四季

是开穴还是定冢
这是另一个问题
人发明了它
不是为了播撒
而是为了栽种和垒砌
什么时候开挖
在什么地点
开挖多长时间
多大范围
那是人的事

它只是全心投入

提高生产率

挖掘才是

眼睛背后的眼睛

帮你抛开表面

透视深层次

发现和开掘

深度的真谛

揭示另一层奥秘

（二）

铲车就这样埋头

饱着肚子去

空着肚子回

来来去去

去去来来

演奏一首风雨的搬运

推土机是两面人

从前面的视野

它是扫荡与破坏

从后面的角度

它在推陈出新
安邦、平天下

TNT 跟雷管
都是浓缩精品
它的威力
连傲慢的山头
都土崩瓦解
它是个子最小
脾气最大的实权派
走到哪儿
都聚集人气
让反对者
心胆俱裂、不寒而栗
不过
要摆放在适合的位置
协调不畅
同样哑炮、空炮
甚至反累其主
殃及无辜
这就要看如何使用

掌握在谁的手里
用好
开伟业之花
扬胜利之色
用不好
比鳄鱼还鳄鱼
响尾蛇还响尾

钻头和穿山甲
都是开凿老手
前者，为他人做嫁衣
后者，自己安身立命
前者是钢铸的
后者是血肉之躯
前者是工具
后者也未必不是
前者，打石钻道
呕心沥血
至死，也顶多
赢得收废站的同情
后者，不论金屋藏娇

还是因宠收养
没有繁杂手续
法律不许
这就是人道主义
尊重生命

（三）

钢钎扮演什么
说它是秤杆
它没有秤盘的心
说它是撬棒
更像铁棍

一上来
仿佛铁外铁的助手
和颜悦色
见不到缝隙
不插话题
只有受到锤的敲打
才强行介入
一副搭肩搂腰

铁哥们的样子
连顽石也颇为心动
当你沉迷亲吻
它已掏出你的心窝
做成炮眼
献给工地
你能说什么
说它是称职的干才
还是太过狡诈
山水有道
谁不是阴阳协调

就拿严冬来说
是不是刽子手
要看生活有没有阳光
如果一茬梦的凋零
是在金秋之后
遇上庄稼茬的命运
不足为奇
只要这种耕犁
能换来

从头开始的生机
这茬梦的枯萎
就不是白枯
而没有根的抽枝
这就是新陈代谢
更新从收获开始

（四）

机器啄木鸟的童话
要比机器猫的逊色
那是因为
机器猫抓的是鼠
它啄的是地

它是工兵
是凿眼的土专家
开沟、挖渠的洋博士
是铲车的先锋
炸药的助手
是草的生死簿
蚊虫的鬼门关

蝶的恐怖、蜂的孤独
是敌我双方的交点
是人的功过是非
是操作手和
老板的利益

它的能耐
由操纵者认可
是否成就铲车的功劳
契约的承诺

（五）

走到这个年月
把持一代
又一代的荒凉
到了尽头
它该带着
它神秘的罗盘
脱袍让位

让开发商及其对手
各抢各的饭碗

各立各的门面
让金融巨头
房地产老大
充当它的巫师
不可挑衅的
撇开市场的嘴
念叨交易的福珠
购并的十字架
让科技园和卫生所
面对尾巴翘到天上的
那些蔑视
不至于愁眉不展
拿不出针对的手术刀
让大批涌入城市的
乡间柳、野山楂
找到自己如何成活
如何嫁接的安乐窝
让春节、元宵
跟圣诞老人鹊桥相会
看看愚人节的游戏
玩到什么程度

让那些类似圣诞树
愚人节的各类身影
在古老而又充满
活力的处女地
找到它们的
情人节、蜜枣
建立它们的
根据地、桥头堡

（六）

城市的主色
是春、秋色调
它的状态
也是春秋两季
到处可见雨后的春笋
压弯的枝头
沉甸甸的劈叉

人侧重金秋
那是因为收获
才重视耕耘

绿油油的奢望

鼓胀四季

促使你金灿灿的弯腰

金灿灿的埋头

金灿灿的

眼花缭乱、头晕目眩

加入快节奏的

早出晚归

收支和忙碌

享受也是一种投资

这边，体育馆

美术馆光芒四溅

那边，剧场、游乐场

又在灵光乍现

何时交付使用

甲方所定

乙方只管执行

加入倒计时的

不止舞吧、酒吧

还有阳台

卫生间、下水道

还有这样梯，那样库
这样车，那样轮
这样格调，那样格调
这样酷毙，那样酷毙

忙得老板裤裆炸线
遮羞没补成
反留了个撇着腿
满工地要流氓的目光
气得他瞪着
多日不见的开口月亮
像爆胎的铲车
一条腿悬空
却踢不出去

（七）

荷塘列入倒计时
外销出污泥而不染
河流加入倒计时
内购除污设备
跟水土碰撞

土丘入围倒计时
成功入住现代基石
它付出的亩产和公顷
不知以后
高楼领不领这份情

唯有这
架通南北的青石桥
已承载了
一个多世纪的风雨
推倒它
不就推倒一百年

有的一百年
没了也就没了
有的一百年
想补补不回
有的一百年
撬的是青石
盖的是红楼
垒的是山头
有的一百年

挖石填土，是
垒堤筑坝、修桥铺路
有的一百年
拆前补后
只为后花园
有的一百年
后院没补好
丢掉前院
挡风墙都不要了
有的一百年
拆掉房子
是为地基、另立门面
有的一百年
雕龙画凤
什么都没留下
只留下几部
草生荒、燕歌舞
杏出墙和几包老鼠药
有的一百年
虽没留下什么医书
但也把

一些顽疾治断了根
有的一百年
病根留到现在
还在穿心夺命
有的一百年
吃不到葡萄
没嫌葡萄酸
有的一百年
酸倒牙根
咬不了东西
反赖牙齿不成
有的一百年
拿着耻辱
当绣花枕、定情物
恨不得上去踢谁几脚
有的一百年
打开陈封，依旧
回肠荡气、热血沸腾
有的一百年
乌云过后还是乌云
雷电滚过，接着雷电

有的一百年
一道电闪
扯开几个世纪
撕开几十代人的梦想

（八）

小辣椒憋足劲
跟风吵得面红耳赤
它还是那样泼辣
一张不饶人的嘴
尽管西红柿僵持许久
还是收起灯笼
到别的地方营业
尽管苦荞子、青玉米
每天加入回头率
闪闪身还是需要的
让机械臂铲除荒芜
引种立交
栽培堤的林荫
路的成行

尽管千年的交汇点
钢筋水泥蜜月太深
尽管青菜
有青菜的市场
萝卜有萝卜的定位
适当闪开空隙
让霓虹灯走俏
让不同的窗口
门面、街面
掀开、露出、亮起来

我不知菜篮子装的
是不是都是蔬菜
如同不知果园
庄稼地多大年岁
几千年会有的吧
可能更加久远
常听人说
民以食为天
既然如此
没有天尊的地位

也没有天子威名
追封万岁
不会有人质疑

一万年的选种
一万年的培育
一万年的嫁接
贯穿历史
遍及南北
从飞鸟传播
至刀耕火种
从人拉犁
到牛耕地
在被信息库
机械臂取代
每步迈出都是跨越
每次跨越
都是新的填写

一万年的摸索
不算太短
一万年的隧道

越来越宽
从一开始便伴着
孤独与彷徨
探索与发现
走夜路的人
总要弄出些声势
声音太小
不够壮胆
声响太大
反而吓到自己

摸着石头过河
也是走夜路
什么样的探索
都属正常
撞伤、咬伤一样正常
搁浅、退回
积蓄再进的力量
也属正常

所以我说闪闪身
很有必要

而不是

头臂挡车

撞得粉碎

让技术与品牌

耕种彼此交织

相互呼应

举起的刀是手术刀

亮出的剑是阴阳剑

不至于乱劈乱砍

今天否定昨天

明天抛弃全部

所以我才说

挖掘机不是啄木鸟

地也不是横长的树

谁要果实

都可伸手

（九）

不是雨天

为何远处传来雷声

这是庆典礼炮
还是晴天霹雳

有一棵小草跃入空中
接着，一群、一片
前面的花草刚落下
后面的枝叶又在腾空

有人说这是天女散花
是筋斗云
是孙圣人忙于诵经
荒废武功
才做不了
玉皇大帝的座上宾
跑来山前当阶下客
有人反对
狭义孙何等侠客
他不露面
是发现
性分双重、魔有两类
一类是容易辨认的
托付给公安局

另一类
隐在心里、行为中
藏在每件事的细节里

有人全盘否定
这明明就是
近代的剧作
现代的创举
是草木视死如归
跟神舟
九号、十号较劲
赶超神一百、神一千
你听到了
他也听到了
很多人都听到
但忙于赚起支出
无暇顾及
这看似不相干

我也听到了
但我不信
除非有一天

太空探索不止旅行

而是真的搭建

平台的庄稼地

山下还在折腾

一股烟尘冲天而起

我带着说不上

是悲还是喜的感受

注视着

这一阵紧似一阵的

地上的滚雷

土石的霹雳舞

沙尘的交响乐

注视着青草的特技

叶的跳水

枝的筋斗云

花的空中芭蕾

（十）

孩子的思维

被冲天的飞扬绑架

他不知
这是死亡的舞蹈
诱惑的陷坑
几次想去追踪原因
被当工头的叔叔
拆掉念头

直到进入安全时空
身心还沉浸在
发生的筋斗云
小狼一样欢跳着
奔向烟尘的制造点
坑内、坑外
模仿着青枝翻滚
如同他常嘬的手指
习惯地塞进口
又不经意地拔了出来

当叔叔跟友人
说起工程口子
像预付款的缺口
拉得很大

他的注意力转移到
承诺给他的礼物
“有汉堡包吗
有变形金刚吗
有唐老鸭、米老鼠吗
丑小鸭过生日
黑猫警长跟
哪吒为争蛋糕
从地上打到天上
引来猪八戒断案
人人都是被告
便宜了他的大肚子
剩下一块
想带给嫦娥
找不到礼品盒
这才抹了
一裤兜子黄油”

孩子叙述完
奶奶编撰的故事
像想起什么

指了指工地：
“他们说
这也是蛋糕，是吗”
“也许是吧”
“有人抢吗”
“有，抢的人很多”
“那怎么办”
“怎么办，也不能
引猪八戒来办案”
叔叔笑了
他眨着眼
像路边
一头雾水的桃枝
也咧着嘴笑了

（十一）

工地是什么
是片头还是剧场
是道具还是礼品盒
是蜡烛、蛋糕
还是游动的牧场

如果是片头
那也是一部大片
如果是剧场
原有的散去
新来的荣光
如果是蛋糕
也只是其中一块
如果是牧场
养的是奶牛、耕牛
还是车马、领头羊

如果是车马
拉的是轻快还是沉重
如果是坐骑
谁套龙套、谁扯缰绳
如果是千里驹
谁是伯乐、交谁饲养
如果是野马
可曾焦虑狂躁
乱踢乱撞

或许都不是

只是一盘小炒

一锅杂熬

一面镜子

一次梳妆

如果是蜡烛

是亮的结束

还是灯的开始

如果是一支钢笔

爬的是格子

还是填写空白

如果是绣女

绣的是冬雪还是春光

如果是裁缝

是早上裁、早上缝

今天裁、明天缝

还是个人裁、个人缝

老板裁、大家缝

是只裁不缝

只缝不裁

还是边裁边改

改改缝缝

再缝再改
工地究竟怎样才是

（十二）

是开挖
还是耕犁
如果是播种
是出让的处女地
还是拍卖的金钥匙
是贩卖的操场、营区
还是社会与自然的
矛和盾
或许是浇注的壁垒
定做的胎盘
投资的输卵管
开发的受精器
是销售的子宫
分娩近代与现代
是政治、军事的卵巢
文化与经济的生殖器

你可以坐你的大花轿
掀你的红盖头
蜜月你的蜜月
惊喜你的惊喜
可以嫁千个丈夫
繁殖千万后代
但不要
为了洞房而洞房
今宵而今宵
将原有的骨肉
拒之门外、颠沛流离
更不要杀鸡取卵
釜底抽薪
将它们抽成
活死山、活死水
活死瓜果桃梨
满园春色
活死人文乡土
温馨乐园

我始终认为

家不是旅馆，如同
婚姻不是租赁
可以任意出让
随意抛空、获利
能不能长远一些
别总是短线操作
卖弄新潮
时间一长
能不让人觉得
今天是、明天不是
今天要、明天不要
能不让人见好就收
哪管身前身后
是花是草、是红是白
是今天好、明天好
还是妊娠反应
恶性肿瘤

（十三）

砍伐不是穷困才有
撂荒不止荒凉所致

一边倒的开垦
意味一边倒的耕播
真的天翻地覆
又导致山的倾斜
水的跌宕
事物似乎
总在波浪式发展
有低谷、就有高潮
有消声灭迹
就有层出不穷
有萎靡不振的
就有情绪激昂的
有抽身而退的
就有前仆后继的

沙石有没有浪潮
为何尘沙荡漾
绿野是海吗
如果是
什么搁浅、什么触礁
如果不是

为何花翻青波
风起麦浪

草木不是沙漠的情妇
贫穷的私生子
它的僵持
跟荒凉无关
荒郊才是封王拜寇的终审
草木依恋的土地
繁殖生息
这不是谁绑架谁
谁掠夺谁的问题

它是水土的免疫系统
戈壁的希望工程
是江河的桃红柳绿
大海的绿岛方舟
是季节的风向标
山水的精气神
是气候的温度计
测量天地体温
是大自然的杠杆

调节生态平衡

我始终认为
伟大的开垦
不会只是耕收
而没有播种的布局
伟大的播种
不会只是单一的品种
而没有多方位的栽培
伟大的庄稼
不会只有长势
而没有浇灌
只是钢筋水泥
而没有花草鱼虫
温馨提示
伟大的拓荒
先从头脑开始
耕种下一代

我始终认为
这是世纪耕犁
播种千年兴旺

这是觉醒的土地
将激情和信念
砌进现代化梦想
伟大的眼光
不会只落在一个点上
一个季节
伟大的胸怀
浩如宇宙
有江河就有海洋
有海纳百川
就有泥渣沉淀
有日出东方
就有夕照西射
有阳光明媚
就有群星灿烂
相互独立又彼此辉映
天之所以为天
是播撒光明的事业
地之所以广茂
有着一副充满母爱的
菩萨心肠

抖一抖枯枝

陷进不该陷进的沼泽
肩膀明白
再沉重的头颅
也要坚定地将它撑起

既然你我是山川神韵
田野水彩
何不抖一抖枯枝
让黄叶全飘下来
不吝啬风干的果实
不叹息逝去的岁月时代

冰山正在消融
深川依旧飘落残雪
满天的飞舞
拥抱着阳光下的世界
既然你我同处生活底层
森林的边沿
既然人生一季

庄稼一茬
既然我们和大地的命运
息息相连
就不怕冬雪寒风的收割
开山耕犁的磨砺

抖一抖枯枝
抖一抖春天的信息
寂寞全飘下来
连同希望
堆积成新生的腐质土——
生命从不拒绝新陈代谢

童年时节

（一）

木枪和口舌
也是战刀和佩剑
没玩具的穷山沟
田野是游乐场
天天穿着开裆裤
四处游逛
夜夜磨牙、尿炕
还以为是成长的要求
合理的
绘制未成年的地图

偶尔打次埋伏
让果木瞠目结舌
青蛙目瞪口呆
在小伙伴的面前
提升自己的地位挨了父母的棍棒

才知玩过了头
灰溜溜退出门槛
眼泪挂在腮边
便追着蚁虫撒尿
捉来老鼠喷灌
玩得草抽筋
树打颤
蚂蚱放屁
蜻蜓晕眩
却不知这是
摘出翅膀当快乐
拿着无知当个性

（二）

善于表现的欲望
夸大手的灵巧
总想与风比速度
裁剪入学的春装
张开剪刀
却剪开皮肉
头一次拉出

稚嫩的伤口
便不知如何缝合

先天缺钙的努力
辜负了油灯的希望
不知如何的时候
我趴在窗台
沉入托着腮帮的时光
那时，我总在想
放到河里的纸船
会不会飘到
我梦寐向往的地方
一定会有一个
海边的小姑娘
会收到
写着地址的礼物
她会给我寄来
解决难题的方法
和许多蓝莹莹的童话

（三）

太阳只有一个

供万物分享
我是万物后的省略号
打在偏僻的地方
路本来在脚下
可父亲非说在手上
他和不知疲倦的母亲
像我在老师那
仅见过一次的
上紧发条的表针
转动着每天的声响

心思是父母的心思
很少涉及我的请求
他们就是
小数点背后的省略号
我更是省略号里的忽略
但我在想
山外的人
是不是也将愿望
播种在几亩坡地
碰到地埂就折头

来回奔忙

这就是父亲所说的路
如果是
有没有箩筐
挑的是玉米还是麦把
要是那样
该有多几颗太阳
一颗挂在天上
为云彩拓荒
一颗闪在海底
为鱼虾照亮
一颗贴在墙上
期待苦日子
熬出的灯油
一颗挂在心里
别让梦
坐在漆黑的山道上

（四）

呆呆的

盯着月中的老人
似乎她坐在树下
树后是峭壁林立的山

奶奶以前
也常这样背靠着树
坐在门前打草鞋
可她走了
到山那边的死人村去了
月亮中的老人
是奶奶吗？
她是不是
像我想她一样想我
才跑到
没有遮拦的月亮里
让我每晚都守着窗台
痴痴地望着她

（五）

头次见哥哥
拿着白泥在墙上画圈

我以为他在
画他脖子上的银项圈
哥哥说
圈有底叫箩筐
叫泥坑、陷阱
叫锅碗瓢盆
没底，就叫山洞
叫隧道、叫紧箍咒

叔叔有学识
他说圈带把
有许多内容
比如叫果实
叫锄头脑、开山斧
口眼耳鼻什么的
不带把
叫星星、月亮和太阳
圈封口
读 OK 的 O
不封口
读山湾、河湾

父母围着孩子转圈
叫养育、叫团圆
围着磨盘
围着田地转
就叫过日子、兜圈子
父亲说：叔叔说得对
圈带东西才有意思
否则什么都没有

我听不懂他们的话
总觉得圈像
鸡蛋、鸭蛋、鸟蛋
哥哥嫌我馋嘴
讥讽地说
以后
你的学习再吃鸭蛋
老师就会
连你带成绩读成滚蛋
回家见爹
你就叫完蛋

（六）

也是这样的午后
这样的涓涓小溪
树上的小鸟
上下翻飞
欢声雀跃
围着房转
围着校园、村庄
围着田野、庄稼
嬉戏追打

童年就是这样一窝雏鸟
长大便各奔东西
只有长翅的高坡
逗留的田地
追逐的林间还在

我俯视着群山
俯视着童年时节
俯视着遥远的轮廓
起伏的地平线

什么时候

再去看看那

快乐的云雀

忧郁的呆雁

天，斗转星移

岁月无痕地

光阴四溅

一去不返

灰孩子的符号

季节吹起大气球
一个灰孩子把
逗号读成豆虫
把句号读成
鸟窝和蚁洞

父亲的身形弯成月牙
她读成括号
每个孩子是
括号里缤纷的内容
护在她身后的反括号
是她想象中的妈妈
在最冷的季节
冻成月牙铲
铲断联系
投奔
大红大绿的气氛去了
留下灰灰的印象

让灰孩子在
父亲的月牙里查找

她嘬着奶瓶
像狼嘴叼着猎物
查寻小伙伴们的周末
她将医院和教堂的符号
当加号读
红加号、黑加号
前后空白
是加号不愿
跟阿拉伯数字待在一起
还是被数字抛弃
她想不明白
就像弄不清
她本该有的反括号
为何没了
让她孤单地没有陪伴
没有遮风挡雨的停靠
她叼着奶瓶
像眼光叼着十字架

趴在父亲拱形的背上
摇出医院
摇过
教堂和道路的十字架
不知为何
她不想
让父亲成为十字架
只想让父亲成为
她身边的加号、减号
加减着她的白天黑夜
加减着她的孤独寂寞
与一万个为什么
可父亲的动作太粗糙
比不认识的字
还张牙舞爪
她只有竭力地哭
用眼泪给父亲打标点
那是她的玩具枪
是最卡通的子弹
每次射出
都收到意想不到的效果

尽管这样

她还是隐隐觉得

有根无形的线

拴在她和父亲之间

一头捆住她的手脚

一头绑在父亲的心里

她露出小小的狼牙

试图把捆绑咬断

去追捕玻璃外的气球

扫帚是动画片里的彗星

蝌蚪是她

梦中的大头娃娃

她伴着

彗星和大头娃娃入托

她卷成小狼的姿势

伏在课桌

硬将父亲读成奶瓶

奶瓶读作妈妈

老师能纠正错句

却纠正不了她对父亲

字错意对的理解

外婆的话

童年
外婆的话是圣音
她不停地
给我讲呀说呀
累得口干舌燥
我还娇滴滴地
要听、要听

少年
外婆的话是噪音
她刚一张口
我就伸手捂着耳朵
不听、不听

青年时代
外婆的话是钟声
无论早班晚班
按时把我从梦中敲醒
我懒洋洋地起来

真准、真准

如今
外婆只是
录音机里的磁带
只闻其声、不见其人

我知道
它不是传声的带子
但离我很近
我沿着人生的分水岭
一次次去
又一次次失落地回
只能隔着坟墓
转动眼眶里的
潮湿和呼唤

青春圆舞

青春的门窗
是掀动的门窗
青春的花房
没有孤独的盆景
墨守的土壤
青春不是老人斑
何必用追忆调色
用林荫抗皱
风雨中的步伐
才是最铿锵的舞步

青春的天地
通向四方
青春的焰火激情燃放
噼噼啪啪炸响
青春的圆舞
奏响广阔的空间
有高山、也有河流

有手与手的相牵

也有情与情的碰撞

一支羽毛

记述一个故事

一尾雁翅

刷亮一道展望

出壳的雏鸟

崭露头脚

未出壳的愿望

又在酝酿

青春不是笼中鸟

何必关在金丝笼中歌唱

青春不是院中柳

让池塘牵绊脚步

让深庭锁住眺望

即便锁住双脚

也是挡不住的诱惑

盖不住的娇艳

捂不住的芬芳

如果你是树木
就萌发青芽
如果你是花朵
就忘我怒放
如果你是泉水
就积少成多
汇成江海
奔腾激荡
如果你是小雨点
你就融入春天的事业
滋养万物生长

青春鼓荡心间
演奏生命乐章
头脑枕在地球
心在宇宙中翱翔
胳膊交给船桨
迎着未知与未来
写下你的乘风破浪
向前
扬帆！启航！

等你，不止冬望

把设想交给苗床
心思交给门窗
孤独还给青石
寂寞留给星光
何时启程
你只要打点你的心情
别管云山雨巷
山高水长
因为有桨的陪伴
我在你的身旁

不再音容渺茫
打听
蓓蕾动向
给不了你
一路平坦
能给你方向
不能告诉你

什么时候下雨

但能交给你雨具

抬头搜寻

有你的田野

低头审视

有你的目光

每天确定你的方位

以免从一开始

便背离理想

走吧，亲爱的

交汇不是各奔东西

岔路才会离经叛道

你不必无忐忑的忐忑

无彷徨的彷徨

那里没有心灵的绑架

头脑的封锁

没有无怨恨的怨恨

无情荒的情荒

没有螳螂捕蝉

黄雀在后

没有坐山观虎
暗度陈仓
你可以种瓜得瓜
种豆得豆
放飞有你的天地
歇脚有你的海港

也许你会遇上
无灌木的灌木
无深沟的深沟
无狼的季节遇狼
无猎枪的地点遇枪
这些并不重要
因为我在你身旁

走吧，等你不止冬望
也有春风杨柳
追风踏浪
古刹由你通幽
晨钟随你敲响
你是你的公主
也是我的女皇

我是我的鼠精
也是你的猫王
滑落深沟
你踩着我的肩膀
深处遇险
我是你的盾牌
你的城墙
这些似乎都不够
还有地上的霞光
天上的牧场
还有一起绽放
陪你枯萎、陪你忧伤
近处的你
无悠闲的悠闲
无奔忙的奔忙
远处的我
不论身处何方
却从未停止握手的握手
无凝望的凝望

剧　场

剧场
拖着长辫子
乌黑发亮
去晚了
拴在末梢
推来甩去

它含情脉脉
外露不避隐晦
内秀不怕娇柔
现代的格调
清晰可辨
却又淡入
历史的云烟
消逝，飘远
随着长辫子垂进入口
梭成满场
穹窿垂落的披肩

黑压压的人头
交汇相融，隐约不见
屁股入座
不再对着人脸
灯光之下
全是一张张期待的梦幻
序幕拉开缓缓海潮
一个创意
一个造型
一个镜头
切换一种姿态
剧情带着感觉
向纵深拓展
灯光挣着目光
扯着眼球向舞台拉拽

这是波涛的呼啸
浪潮的喧嚣
令人叫累了却依然喊叫
咆哮过了却还要咆哮
一浪未停，又起喧嚣

这是大海的风暴
把郁闷与快乐冷漠与狂热
把珍珠珊瑚
水怪海妖
全部震荡、粉碎
把一切想卸、想放
想捕、想拽的东西
全踹出来
拖出来
摇出来
这是人间悲喜
你演你的春花秋月
我演我的春秋妖娆
一朵花刚谢
另一朵又开
前一人未谢幕
后一人已登台
一波未平一波又起
就连水藻、燕雀
也打扮成
风帆和海鸥样子

挑逗一排排心怀
然后，收起喧嚣
收起沸腾
缓缓退潮
轻轻地走回现实

生活就这样
有表演就有舞台
有编剧就有写照
有台上花就有台下叶
有登场，就有退台
用手鼓掌
鼓红的故事
不管飞多高、多远
只能寄生于手掌
而心灵的鼓掌
虽没声息
却波峰浪谷
回荡于耳
响彻云霄

舞厅角落的酸枣枝

裹着灯光的五彩线
你一身娇容
牵动目光
像春风牵动花朵
从我面前飘过
旋起一阵龙卷风
旋走我身边的牛仔衫
是你眼里的椰子树
你不会知道
在舞厅角落有株酸枣枝
向你伸长无数只渴望的手
那天邂逅校园门口
隔着栏杆你轻眺了我一眼
眺开我所有的梦抽丝
网住一个甩不掉的影子
我不敢向你张口
是因为有椰子树
我只能站成角落的酸枣枝

偷偷馨绿

偷偷扬花

这是否是我的过错

你裹着五彩线

我裹着五彩雨

你裹着一身娇容

我裹着一身默默

给　我

展开一块白手绢
抖出梦中青橄榄
寄出一封书信
没有地址
送回深情的问候
却不曾抬头
留下几颗红豆
让我思不完的思
想不完的想
一次次渴望的守候
一次次无望的折头

给我一把琴
却没有抚琴的手
给我一身淡装
却不见欣赏的眸
给我回味不尽的回味
寻找不完的寻找

给我一望无际的乞求
给我一段有限的相识
无限的相思
给我模糊的等
清楚的愁
给我彷徨不了的彷徨
孤独不了的孤独
南转北回
品着浓浓的乡情
淡淡的乡愁

寻　声

是窗动花影的时候了
就在昨天
腊梅探头的时候
忽听院外
似你的声音
我春风扭身
被门撞了回来
这才想起
已不是当初的蓬莱

蹲在地上、揉着创口
方才领悟
你的名字叫疼
疼我的疼，是吗
其实
疼死人和死疼人
是一套房子两间屋
一个故事两扇门
红树

开不开花我不知道
我只知簕杜鹃开了
义无反顾

人啊
走过才知
门中门、门外门
亮门、暗门
生门、死门
才知什么叫
门撞我、我撞门
撞开是一番天地
撞不开又是一番天地
才知愣愣神
自己的疼处自己揉
沿着来路边走、边喊
仿佛狼嚎的回声
却不是对方的回应

今晚的花还开吗
是开在
紫薇楼、青松斋

还是
荔枝园、红豆林
或者开在
寂寞桥头、夜明海滩
我守着你
像滨海守着梅岭
你开你的风骚
我布我的风景
猛然回头
竟不是这样
原来从一开始
你便占据我的心头
每片落叶飘落耳畔
每朵芳情
牵动我的神经
每天的太阳从未重复
而是新的
每晚的望远
都梦想无限
我走向你
像撩起低头的嫩枝条

让我在那个
万物萌动的季节
听懂花开的声音
目睹花开的羞怯
领略花季
多思、多虑
多枝头、多颜色

还是那副丑小鸭打扮
我在你的身前
追风踏浪
你在我的视野
拣着珠贝
这滩、这人、这浪
水碧天蓝
连着远山的注视
近海的凝望
入心，入梦
令人摔伤也美好
不摔伤也美丽
伤心也动人
不伤心也动人

如果匆匆

如果匆匆是种结果
我绝不做窗外掠过的树
它挂出太多
类似缤纷的小球
混淆视野
让我抽不出身来
移开你那双掏过粪坑
捂着眼泪的手
做你的车夫行吗
要么做你的
尼龙袋、保护绳
你走到哪儿
我跟到哪儿
或者
干脆做你眉锁的
屡屡治理
又屡屡长出的垃圾桶
一起恶心
一起洗干净

如果匆匆无从改变
我绝不做
路边永远的错过
它让我
痴情于喜鹊的歌唱
乌鸦的盛装之间
盯着硕果
无暇顾及你的存在
给你青梅园、紫涟漪行吗
从城市峡谷间露出来
从虎视眈眈
花斑豹眼光一样的
灯光下闪出来
做你的呆燕
我的傻气
做你的梅红
我的羞愧
做你因为许多的因为
我所以许多的所以
打开书一样打开你

译你的过去

也读我修改过的

现在和未来

爱是相互构筑

而又托付给对方的港湾

是彼此心灵登陆

感受错过

本来就是

港湾的一种修复

我捧着你

像捧着一首诗

不再只注重细节

忘了立意

因为我已懂得

随手打开

只能随意翻阅过去

那些疏漏的

恰恰是回头的部分

如果匆匆

我绝不随手合上

打开你

像打开四方
精读你打在我生命中的标点
和生命中每段章节
如果匆匆注定错过
你是否还在意
见面的时间、地点
推脱人多的地方
不是你的花好月圆
这么多年
含羞草
该不含羞了吧
你是否像我沙漠跋涉
游荡在旷野、海滨
期待阳光积累
扑向你
像春风涵盖雪山草地
这是燃烧、也是融化
是压抑已久的鲜血
大自然的核反应堆
漫山遍野的心悦神动
透着你的影子
春喷就是这样开始的

醉汉纪事

在那个夜晚之前
我不会喝酒
喝酒从那个春夜泛滥
你捧着一束野玫瑰
一座山跟着
当我的心
成了你精巧的花瓶
却再也养不活
玫瑰的鲜艳
我是一个醉汉
除了那束玫瑰
仅有一个夜晚
自从我喝了
你目光中的酒
在枯藤的锁链下
昏睡了好多年
某个冬天
我是那么潇洒地醒来

只为梦中的酩酊
我错过阳光的花期
而你流落街头
山还在背后
你投来了美丽的一视
其实并不认识我
只觉得我是个醉汉
在岁月的酒杯里
在孩子们的嬉戏追打中
品尝往事的滋味
那个夜晚，那个春夜
让我选择酒
选择酒后的真实
和彷徨地目送你和山

彩　云

每天，我久久凝望
目光顺着山巅
抵达你流转的背板
你披着霞光
在蓝天上
自由飞翔
那么高傲
那么浪漫
如圣洁的天仙

当大地龟裂
向你呼喊
你却毫不犹豫
把你的全部色彩撒向
茫茫的原野
深深的谷端

你看见我了吗
我就在你播撒色彩的地段

沿着胸怀祖国的脚步
你能看见我
沿着遥望家乡的角度
你能看见我
在我的身边
是青春流火、远山呼唤
我——给点春风就动人
如同你给点阳光就灿烂
巡逻放哨中看你
环视你的安全
巡逻放哨后看你
走访你的欢愉
不分季节气候
透过哨所
抵达你的梦境
抵达你的蔚蓝

太阳在月亮背后

记不清某年某月
在某个地方
有人说
茫茫的夜里只有月亮
其实也有太阳
在月亮的背后
在另外的几重天上
放射着无限光芒

笑

在泥泞中诞生
又在风雨中成长
不幸时，为我解脱痛苦
忧伤时，为我抛开烦恼
遭到坎坷
它是闪着寒光的刀斧
劈出一条希望之路
碰到敌人
它是狂啸的炮火
把豺狼的堡垒撼摇
在大地上
它是条快乐的小溪
为母亲唱着青春之歌
在寒冬时节
它是灼热的阳光
熔化了千层冰雪
它有秋波一样的深情
鲜花那样含蓄

使人甜醉心窝

更像雷鸣一样轰响

瀑布那样雄浑

让一切恶魔胆寒

笑是我的精神

笑是我的生命

笑是从血泊中站起

笑是与死神举杯

啊，朋友

敞开胸怀，放声大笑

崇高的爱

——一个姑娘的心声

情泉
像岩浆一样
从心灵之窗喷涌出来
淋湿了我的长发
温暖了你的情怀
那一汪灼热让春天永存

战火
夺走了你明亮的眼睛
但还有我一双闪亮的星星
星光里凝聚了真善美的赤诚
我要将那永恒的光
送入你纯洁的心灵
是你的心血
染红了片片彩云
满腔热血
洒满了胜利的足印

我要缔结串串欢乐
填平挫折与艰辛

啊，亲爱的战士
你对祖国有多少赤诚
我对你就有多少忠贞
你对人民有多厚的爱
我对你就有多深的情

来吧
无畏的战士
让我做你生活的拐杖
伴你前行
伴你出征

我没有失去眼睛

我没有失去眼睛
我没有失去眼睛
在人生的道路上
我青春的脚步是不停的车轮
在生活的激流中
我双手牢牢擒住命运之神

我没有失去眼睛
因为我有一颗忠诚的心
心中有一盏明灯
在风浪与黑暗中
照亮道路
引我勇敢前进
希望之火
焚毁一切悲观的森林
只留下
我在风雨和泥泞中的脚步
虽然，我把枪交给了战友

把阵地交给了同志
但我仍然是一个坚强的人
我已拿起笔杆
描绘这
　　教室的宁静
　　工厂的沸腾
　　农家的欢乐
　　士兵的身影
我的笔尖在飞行
一句句，一行行
迸发出生命的热能

我没有失去眼睛
我没有失去眼睛
我的心中一片光明
祖国的山河
依然是那么秀丽
祖国的太阳
永远是那么年轻

仅有爱情

没有雄性的雄鸟
雌鸟迟早从身边溜走
在别的巢前
　　乱飞乱叫
没有女人味的女人
男人经常触礁
男人是什么
是女人腰上的保险绳
女人是什么
是男人心目中的饮料
不，世上没有不断的保险绳
也没有永远可口的饮料
除了爱情
总要有点别的什么
仅有爱情
像舰长仅有舰艇
而没有载舰的海
人，多有几根硬骨

有什么不好
从这头到那头
不断有人加入
不断有人退出
也不断有人走入尽头
新加入的
怀着不同的美好
半路退出的
怀着同一失落
怀着美好的
捧着金苹果
大多都不认识
怀着失落的
认识金苹果
却大多擦肩而过
爱情像出售房屋
总要给对方提供挑选的机会
一个人不满地走了
绝不意味房子要永远空下去
不是付出就能得到
不是拥有就天光破晓

啊，祖国

一次次涌起的潮
没有无缘无故的退却
也没有无缘无故的腾起
每片浪涛的背后
都有深沉的背景
祖国，我前仆后继
波澜壮阔的祖国

你泰山般的头颅
长满了千年的渴望
你千年的历史藤蔓交错
从你眉间碾过的日子
种下许许多多期待的故事
每滴如鸽的露珠
都是绿色的暗示
祖国，我生机盎然
厚积薄发的祖国

星空的旅游图

如你草深林密的岁月
我深邃的目光
蜿蜒在你心髓之谷
五千年的长河
贯穿沉淀与融合
贯穿曲折与探索
我带着含泪的微笑
接受你厚重的爱抚
祖国，我千水百汇
海纳百川的祖国

你是我的支点
是我的漂泊
是我的巍峨
也是我的辽阔
在你复兴的路上
我有诗经的细胞
但已不是诗经
我有楚辞的血肉
也不仅仅是楚歌
我是你的储备

是你的力量

是你的扫描系统、传导结构

你铿锵的脚步

飞动着我每天的拼搏

啊，祖国，我激情澎湃

勇于开拓的祖国

风　啊

风啊
你轻轻地吼
不要把淡淡的回忆
淡淡的思恋
赶出我心灵的窗口
风啊
你慢慢地走
不要把弥漫的硝烟
纷扬的尘土
带往宁馨的小楼
远方有双期待的目光
已等我很久很久
哦
风啊
信的翅膀
我的心是张邮票
快贴上去
捎上那枚属于她的军功章

伸出爱的手

不要用奢靡的嘴脸看待美丑
没有眼光的思想
装上探照灯
也照不亮宇宙
伸出爱的手
拨云见日头
付出是一种拥有

留守、辍学
孩子的眼泪
如同受伤、残疾
种种缘由
远方的路何止漫长
这不是一个人的战斗

永远别再说囊中羞涩
人间看透　那是涂彩的遮羞布
忙忙碌碌不是拒绝的理由
伸出你的手　伸出我的手

不管有没有我们的过去　我们的追逐

迷失　不是回忆　而是回头

缺失　不是茫然　而是补救

伸出爱的手

如同深山　伸出泉水

大漠伸出绿洲

禾苗抓住雨露

江河拉着溪流

一滴水不能止渴

却能解渴

滴水相加、穿山凿石

汇聚滚滚洪流

伸出你的手　伸出我的手

像船扶持桅杆

像翼握住遨游

啊　伸出爱的手

大手拉大手

伸出爱的手

小手牵小手

伸出爱的手

大手领小手
伸出爱的手
小手引大手
伸出爱的手
一次心甜透
伸出爱的手
一生暖个够
大爱撑起蔚蓝的天空
胸怀铸就
爱的路上
需要你我从容出手

评论

诗的光柱

——读光柱的诗有感

乐黛云（中国比较文学学会会长，
全国外国文学学会理事）

上世纪80年代后期，当我还在深圳大学担任中文系系主任的时候，一个阳光明媚的早晨，我的办公室突然进来一位身姿挺拔、面目俊秀的解放军战士，戴着一副深褐色眼镜，这就是在边境战斗中失去双眼的战斗英雄史光柱同志。一见之下，他既不颓丧，也不忧伤，我全然不觉得他有什么异样，倒是面目中一股英气叫人肃然起敬。他侃侃而谈，说明了他自幼喜欢诗歌，如今他不能再赴前线，希望能在中文系得到深造，以便拿起笔来，进行新的战斗。我们展开双臂欢迎他，不仅给他创造了良好的学习条件和生活条件，而且通过他向全深圳市人民生动地介绍了战争与和平，介绍了年轻的解放军战士们为国捐躯的崇高胸怀和牺牲精神。

1989年后，我离开了深圳大学，也离开了我那些充满了浪漫色彩而不切实际的理想和追求。我未能再见到史光柱，但史光柱却始终在我心里，我遥远地关注着他的行踪、他的学业和他的诗。其实，在我内心深处始终存在着一丝疑惑：一个青春年少、意气风发的大男孩，突然沉没于无边无际的黑暗，没有一丝光影，没有一线复明得救的希望，而身躯却依然健壮，充满活力，他如何能，又该怎样来接受如此残酷的现实啊！我读着他的诗，摸索着他的脉搏，探索着他的精神世界。

我想下面这首诗正是记录着这一震骇人心的冲击：

灯是不是光明
我不知道
我只知它跟光明
心心相映
它远逝
所有的夜景退出色彩
所有的色彩退出幻境
所有的幻境退出形象
所有的形象退至阴影
灯没了
连吱吱的辞别
忽闪忽闪的眨眼
都没有
溅开的碎片
就像
天体喷出的流星雨

直扑地球

这是多么震骇人心的感受啊！他感到的，只能用“天体喷出”而“直扑地球”的“流星雨”来形容！他的第一个冲动则是抢夺已经被撕碎的灵肉：

我已陷进终身黑夜
命运关闭我的双眼
我却用心去追寻光明
尽管我被
拆卸得七零八落
扔得一路都是
但我一直从
蚂蟥的嘴里
夜莺的爪下
争抢着灵肉
投入生命的重建

不管怎样，他要把自己从漆黑无边的深渊里救出，要把被命运击得粉碎的灵肉重新聚集起来。他把自己比喻为鸟，相信“再小的鸟”都有自己的翅膀，而“再小的翅膀都有天地可以翱翔”；他把自己比喻为桥，梦想着“脊梁交给别人”，“把深沟揽入身下”；他又把自己比喻为被命运践踏的草叶，“根拉着茎叶”，坚持累积着自己的生命。他呼唤着理解与同情，他问道：“你可看懂我的寸心、寸力，读懂我青春的往返，无果的轮回?”沉重的字句满溢着多么深邃的痛苦，多么高远的思绪!

我最喜欢他的长诗《寸爱》。整首诗虽有极其复杂的内容，但我宁愿把它解读为一首情诗。诗人写道:“我也有果木的心/一展/多姿、多彩/多想给你/桃花开、梨花白/给你田野的果熟瓜甜”，然而“我的确是草/守着你/清晨的来、黄昏的去”,“暗淡的是/遥远的地平线/模糊的是/你远去的背影”。他悲愤地问道:

谁能听到
一棵草的哭泣
听懂草情、草语
认识你
是我最大的涅槃
……
我矮矮地生
矮矮地长
没有花香地生
没有树高地长
……
有着直露的胸怀
也有面对的胆量
一次次被大脚踩倒
又一次次

从阳光、土地那儿
积蓄向上的力量
用单薄的全力
撑起我的
一寸绿、一寸香

用单薄的身躯
力拔我每天的一寸高
你可想到我的脆弱
我的坚贞
……
抽出几瓣弱小的兰
加上我的寸悲、寸喜
便是我生命的全部
这小小的全部
是我一生的高度
这一生的高度全部给予你
我守着寸爱
守着草的胸襟
拥抱着昨天与今天
拥抱着未来世界
……

这样的情诗！蕴藏着多少锥心的痛苦，多少无望的挣扎，多少无奈！包含着多少对不公命运的血泪控诉，也包含着多少对生命和爱的执着。

他想象着自己是僻静的小路，是幽幽的月牙，是低矮潮湿的小屋，是不展花瓣的青藤，是有血液、也有火焰的无人走过的草地，是秋林深处点燃灯盏的枫叶……他呼唤着：

岸啊
我的停靠
我的陆地
我祖国的
激情原野、坚实支点

归根结底，支持他的是他为之献出一切而无悔的祖国！是祖国、是即便在黑暗中也要有益于人类的伟大理想给了他力量，支持他跃出痛苦的深渊，“投入生命的重建”。

光柱的诗是血写的诗，是心灵历程的深刻而真诚的记录，这样的诗震撼人心，卓绝独立，将不朽永存！

如果命运不安排你做花

——读史光柱的《寸爱》

谢冕（著名诗歌评论家，北大教授）

一个诗人的特有品质，往往表现在他对自己所确立的诗的信念的执着上。他一旦认定了自己的目标——在诗人这里，往往是他自己独特的抒情方式——就坚定地朝前行进，不左顾右盼，也不盲目追逐时尚，有一种对于风格和精神的坚守。这当然与诗人必须具备的创造性以及对艺术不断创新的追求相关。坚持与创新是一个问题的两面，二者不仅不排斥，甚至互为因果。

这些话，是我在读了史光柱最近的诗作后产生的感想。我认识史光柱已有相当的时间了，记得初次见面是在多年前的深圳大学的课堂上。从那时到现在，我们没有再见过，但我始终记得他，我认定，如今的这个史光柱，就是当年来自军旅的那个史光柱，他还像从前那样写着关于军人生活以及军人心中理解生活的诗篇，他的创作依然如过去那样的勤奋而多彩。史光柱写诗和常人有异，有一股“狠劲儿”。往往一个题目到手，他就死死地盯住不放，坚持着挖掘它的方方面面，“穷尽”它的所有意义（或曰意蕴），不达目的决不松手。尤为难得的是，他在所有的、为人们习见的题材中，无不鲜明地投上了军旅特有的精神和气质——他给所有的事象都赋予了军人的品性。他“改造”那些“生活”的决心和毅力，也是十分执着甚至有点“粗暴”的。

举例说，他写的《班长》就很不一般。诗人在这个人们书写了无数遍的题目上做出了新意，使的就是他的那种一题到手就“穷追猛打”的劲头。人们都知道，班长在军中被戏称为“兵头将尾”，诗人对此用了一系列的形容：是前锋、是后卫、是士中王、是兵之母、是标杆、是领头羊——揭示了作为班长在军中的那种独特地位。他写班长和士兵的关系，也是一系列的生动的形容：同火同炉、同热同冷、同煎同熬……还有一首写灯：诗人说它是“有形的微笑”，是“无形的表情”，是“乡村的全神贯注”，是“城市的聚精会神”，选择词语准确生动，可谓曲尽其趣。

他总是这样认真（甚至还有点固执）地看待他的每一次写作。意义要求深远，用词力求准确，气势则须雄健，一字一句，都经过认真的斟酌、推敲。他的语言短促有力，如起床号、如跑步声，有震动感，尽显军旅本色。他的优长是说理通透严密，了无空隙，如《山道随想》、《球与球拍》等。

史光柱的诗洒脱豪放，随处可见军旅情怀、男儿本色，使人为之气壮，但他的诗也非一味地雄健，《寸爱》一曲长歌，其中深蕴着多少刚健中的柔情：“我的叶边也有细齿，划破有伤，疼痛无痕，更多的是垂挂露水。”再如：“英雄不问来路，壮士不顾来生，只要生为进取，死为高远，我愿弯下身来，让众人踩着过。”这些诗句所表现出来的优长与缺憾，一如前述。

在史光柱的笔下，英雄也好，士兵也好，尽管他们的位置不同，但他们同样拥有一颗寻常心，这是最可贵、也最感人的：“我是僻静的小路，我是幽幽的月牙，我是低矮潮湿的小屋”（《岸啊，我是——》）；“还是做粒种子吧，哪里埋没，就在哪里倔强地站起，别有一番花果的甜美（《还是做粒种子》）”。

最让我感动的是《如果命运不安排你做花》这一首短诗，我认为很大程度上它就是诗人人生姿态的表白。命运对于每一个人都是一个“特殊”，也都是一次“偶遇”。每一个人都有自己的梦想，当然都会梦想成为一朵带着春天喜悦的盛开的花。然而，通往梦想的路上总是充满了变数——事实是，冥冥之中命运自有安排，你可能不那么幸运，你也可能失去机会。诗人这样勉励自己，也告诉人们——

不要为
登不上枝头哭泣
想做花朵
先让自己
林木般静静地伫立

这种豁达体现了人生的成熟：即使是做一株普通的稻穗，即使是做一棵平凡的麦苗，一样是青春的绿色，一样是轰轰烈烈认真地生长和展示。这就是诗人向我们昭示的最真实的、也是最高的人生境界。

史光柱有着独特的人生，他用独特的视角和人生感受，写出独特的诗歌，他的诗歌是不可替代的，是绝无仅有的，是他用生命用鲜血写出的，他的诗作中不是一般的情感，而是经历黑白转换、大义大爱、大悲大痛煎熬的情感，他对生命承担的，是一般人难以承担的感悟，他承担下来，这一切化为他的诗歌。这样的诗，不是一般的诗，我们要认真读，也要结合我们自己的心灵来读，不是一般的享受，而是品味和学习，学习如何承担，我觉得这一点是非常重要的。如果我也有同样的经历，身处黑暗的环境，想用诗的语言和结构表现出来，很可能我的笔表达不出这种意境和诗的层次。

另外我要补充的就是他的诗歌当中的情和义。情，是草根情、男儿情、天地情，有一点悲壮，但非常坚强。义，是军中义、壮士义、民族义，浩气凛然。诚和信、情和理在他的诗歌中交替、呼应。这就是他作品的意念，也是他对自然、对社会、对人类的理性认识。把人间最美好的情感和人生最深切的道理有机结合、相得益彰，说理化无形，传情而逼真，这就是诗最高的境界。我们周围轻飘飘的东西很多，像《寸爱》这样读后给人启迪、令人震撼的沉甸甸的作品很少。诗歌的审美，他也有突出的贡献，比如悲壮与美、破碎与美、哲理与美都是他作品的特征和特点。

诗人和战士结合在一起也是很难看到的，有的人是诗人，非常优秀的诗人，但不是战士，这不等于诗中无战士，个性无战士。在生活层面、心理层面、道德层面超越高点、追求完美，我们不能不是战士。史光柱既是战士又是诗人，而且诗写得很好，他有英雄气、丈夫气，他的诗也有丈夫气、英雄气，这种气概跟儿女情长结合在一起又是一种独特的境界。打开《寸爱》我们处处可见他的慷慨悲歌、侠骨柔肠。这种侠骨柔肠跟战士的伟大情怀相互交织，形成道道美丽的风景。有的诗看似粗糙，但粗糙的背后是粗犷的力量，深刻的人生道理。总之，伟大的时代产生伟大的作品，他用不可替代的人生经历和感受，写下了当今诗坛不可替代的作品。

2009 年 2 月 14 日　于北京昌平

留存在记忆中的
悲壮和飞舞在想象中的绚丽

程步涛（中国诗歌协会副会长）

迄今整整三十年了，1984 年 5 月中旬，云南边境老山一战十多天后，我和沈阳军区创作室王中才主任从前线回到昆明，住下来第一件事就是去昆明军区总医院看望某团收复老山时负伤的同志，史光柱自然也在其列。记得我们站在病床前，眼部缠着绷带的史光柱伸出手来和我们握手，我们转达了团长、政委对他的问候。医生进来说，要给史光柱换药，我们遂告别。那天阳光很好，天空蓝得如一湖碧水，走出医院，我和中才眯起眼看天，良久，我对中才说，他再也看不见了。中才重复了一句，看不见了。

收复老山后，近十年的边境轮战，涌现出众多的英雄人物，史光柱是这些英雄人物中杰出的一位，他先是荣立了一等功，而后，被中央军委授予“战斗英雄”称号。

一次，某团的领导来京，我问起史光柱，答曰，他去深圳大学上学去了。接着，便见到报端关于史光柱上大学的报道；再接着，在报刊上看到他的诗作；往后，史光柱从深圳大学毕业了；再往后，史光柱的诗集接连出版……

史光柱成为社会知名人物，对他来说，是当之无愧的，他是全国自强模范，100 位新中国成立以来感动中国人物，先后受到邓小平、江泽民、胡锦涛、习近平等几代国家领导人的接见。

史光柱在他的人生道路上顽强地跋涉着，伴随他脚步的有阳光、有友谊、有爱情……还有诗歌，在某种意义上，诗歌与他的心灵联系得最紧密。史光柱爱诗，诗与他的生命已经不能分离。

上世纪 90 年代中期，他在一位战士的搀扶下，走进了我的办公室，他把他新出版的一本诗集递到我手里。那天，我和他没有谈诗，只是问他的身体情况，问在北京生活是否习惯。送走史光柱后，我郑重地翻开了他那还散发着油墨香气的诗集。

那部诗集我是一口气看完的，合上诗集后，我认真端详那诗集的封面，那上面的一抹红色竟然在我眼前腾起，像火，像霞，像浸染着南疆土地的那一片热血。我对自己说，史光柱是用生命写诗。

又一次见史光柱，是在他的一部诗集的研讨会上。参加研讨会的有诗人，有诗歌评论者，更多的却是他的崇拜者，用现在的话就是“粉丝”了。轮到粉丝们发言时，研讨会气氛简直沸腾了。史光柱端坐在会议桌一端，带着从他康复后在公共场合便没有再摘下来的宽边墨镜，不管发言有多么热情，他的面容一直十分平静。只是在他被搀到前面轮流和与会者合影，大家一起喊着“茄子”时，脸上才流露出他那惯常的浅浅的微笑。

啊！一个崇拜英雄的时代。

与史光柱最近的一次见面是两年前，2012 年 4 月，老山作战 28 周年之际，时任成都军区副参谋长、老山作战时任某团团长政委的刘永新和黄宏，把某团在京的同志请到了一起。因为我当年是作为参战人员跟随他们团一起行动的，也被叫到现场。那次相聚，刘永新说了一段让人什么时候想起来都会心热的话。刘永新说，还有两年他就要退休了，他已经与黄政委说好，一起去完成老山作战后许下的心愿，走访在老山作战中牺牲的同志的家庭、亲人。刘永新说这话时，眼睛是湿的。我的心跳突然加快，眼睛也热了起来，我看了看史光柱，见他把脸仰了许久，我知道，他是不想让眼泪从他那已经变成一汪深湖的眼窝里溢出来。

该说说史光柱的诗了。

对于史光柱来说，诗是他心灵里燃烧的火，是他胸膛间流淌的河。

收在这个集子里的诗作，是史光柱诗作的选萃。其中有一些诗后面标注的写作时间是 1985 年，内容是战地生活的所思所感。我想，这些诗应该是他最早摸索着在稿纸上写下的诗行。这些诗作现在看来略显幼稚，有着那个时期诗歌的明显特征：铿锵，明亮，虽直白，却真诚。但是，触动人们的是，字里行间充斥着对硝烟烈火的感受，对战争残酷的认识，对牺牲奉献的自觉，这形成了他以后写诗的一个特点：悲壮。可以说，悲壮的格调贯穿了史光柱写诗的全程，直到现在。再就是对新生活的向往。除了对战地的回忆，史光柱的诗作更多的是对新生活的向往，在这些诗作里，他好像在故意使用色彩似的，把生活中的点点滴滴写得纷呈多姿。这些，都是他用想象描绘出来的，融和了他的希望和热忱。比起真实生活来，史光柱的描绘浓艳了许多，但这恰恰是史光柱诗歌创作的又一特点：用想象弥补视觉的缺欠。

记忆与想象成为史光柱诗歌创作的两大要素。

史光柱就这样在诗歌的原野上驰骋着，奔走着。失去了双眼，他调动其他的感官观察世界，感知生活。写海，他用嗅觉去感受海风；写山，他用听觉去触摸回声；描摹往事，他借助回忆；构思未来，他凭借想象。一句话，他用心去触摸和感受时代的变迁和生活的变化，而后，从感觉中提炼出诗的意象和灵动。就这样，大学毕业后，他几乎走遍了祖国的山山水水——南方、北方、城市、乡村，他不仅去海南听涛，还去西藏听雪……在这千里万里的行程中，他依然是一名潇洒的战士，走到哪里，就把珠玑般的诗句洒到哪里，把对祖国、对生活的热爱洒到哪里，一组又一组诗作，就这样次第绽放着呈现在我们面前。

我曾与其他的部队诗人谈起史光柱。我说，史光柱失去了眼睛，却获得一对强劲的翅膀，这对翅膀叫想象。我还说，读史光柱的诗，需要多一条路径，这条路径也叫想象。想象他是怎样感受生活、认知生活的；想象他是怎样用诗歌建筑他的精神大厦的；想象他是怎样一点一点收拾存留在记忆中的碎片，再将这些碎片缝缀成美丽的图案的。史光柱是在凭记忆、想象，凭敏锐的感受、睿智的悟性写诗，因此，他付出的辛劳要比其他诗人多出十倍百倍。

史光柱的记忆是悲壮的，所以他的诗多写当年的阵地、壕堑，写飞迸的硝烟烈火，写铿锵的誓言与滚烫的鲜血。史光柱对新生活的向往是强烈的，所以他写群山、田野、街市上欢乐的笑声、姑娘们美丽的裙裾，无不斑斓绚丽。这悲壮和绚丽，是史光柱与光明告别的那一刻，存储在他的记忆里的，这些记忆是他诗歌创作的宝贵矿藏。只是，当史光柱把他的记忆和想象写成诗歌的时候，我们感受到的，已经不单单是五彩斑斓的生活，而是史光柱精神世界的丰富与纯粹。

比如，史光柱写战争的残酷："我从昏厥中醒来/世界被一劈两半/一半是黄昏之前/一半是日落之后/摸索许久/这才发现/我已陷进终身的黑夜（《穿越》）"；史光柱写青春与爱情："啊，姑娘/美丽善良的姑娘/你看/山与山正在角斗/水与水正在较量/这不是一个人的战斗/而是一代人的交响/我也是其中的一根琴弦/弹奏着同样的高亢/因而，我才离开/荷塘蜜语，花丛小巷/奔赴那血雨腥风的杀场（《爱情的砝码》）"；史光柱写对生与死的思考："今夜，死去的人活了/绷带裹满了残肢断臂/他们从星光中飘出来/从原野中凸起来/我们拥抱在一起/路还是路/不能替代/如同你不能替代我的生活/然后，听乡雨潇洒地歌唱/伐木歌和牧羊曲（《太阳系年轻的子孙们》）”；史光柱写对伤残的认识："不要问我/失去双泉/后不后悔/要追寻/就寻视黄山/黄土高原的皮肤/十亿中的一只鹰/只要血管/还奔腾着长江的波涛/只要心灵/还有烽火台的烙印（《不要问我后不后悔》）”。有的诗虽然短小，却是在更高的层面上对人类命运的思辨："昨天/草木还在血腥争斗/今天/便已破镜重圆/这边、那边/山水相依/共揽一湾和睦/我抚摸界桩，如同/抚摸着亲手缝钉的针脚儿/昨天、今天，一字之差/却包括了多少内涵（《生活 衣服》）”；当岁月如江河一般滔滔流过，史光柱的人生思考也上升到了哲学的意义："不要把自己当作金矿/幽寂的躲在深山/伫候勘探者的足音/金子固然能做成/宝光珠翠/可从来就是别人的饰物/还是做粒种子/哪里埋没/就在哪里倔强地站起/别有一番花果的甜美（《还是做粒种子》）”。他勇敢而且自信地唱到："我没有失去眼睛/我没有失去眼睛/ 在人生的道路上/我青春的脚步是不停的车轮/在生活的激流中/我双手牢牢擒住命运之神（《我没有失去眼睛》）”。

史光柱的诗集，是一部特殊的生命交响。

读史光柱的诗，不光是听一个英雄的歌唱，更多的是要思考，要掂量，思考自己的生命意义，掂量自己的人生价值。

2014 年 1 月 20 日

比光芒更明亮

李小雨（诗人，中国诗歌学会副会长兼秘书长，原《诗刊》社常务副主编）

那场战争距今已经整整三十年了，三十年的硝烟渐远，三十年的记忆犹存。三十年是一个人生命中最美好的时光，甚至就是精华的全部，它的发生、它的经历、它的不可磨灭的印记，都曾因瞬间而改变，而在更辽阔的历史长河中，瞬间即可为永恒。

史光柱就是一位曾经参加过自卫反击战而身负重伤的战斗英雄，更是一位优秀的军旅诗人。《史光柱诗选》是作者三十年诗歌创作的结集精选。在这近百首诗中，真实记录了军旅、战争和士兵生涯，其中，既有他对战争的刻骨铭心的记忆，他的大爱大恨，又有对生活的理解和诗意的发现，对自然与爱情的追求和赞美，抒发了诗人的热情、梦想、忧郁、痛苦、希望和欢乐，这是一本三十年情感的点滴汇聚，也是一个历尽磨难的坚强战士真实的心路历程。

当代军旅诗的创作，长久以来，随国防形势、军队建设、士兵成长的不同历程或澎湃高涨、或起伏平缓，但始终没有停滞。而一个诗人的价值，就是能否在诗中展示自己独特的发现，不雷同、不概念，为当代诗歌留下新的启示。史光柱的诗，就是在众多军旅诗中，展现了其较为独特的诗性魅力和自觉的追求。

首先，他在诗中坚持了历史的回顾和思考。他带领我们重温形形色色的战斗场面，他并不拘泥于再现客观场景而是要重塑人的形象，将亲历者的情感融入沉重饱满的战争画卷。他的诗有很大一部分诞生在炮火硝烟中，其中充满了生命的痛感、悲壮和英勇，更有着自己对战争的独立的感悟："阴阳相克的两极/维纳斯与魔鬼的对弈/是死亡游戏/死亡来临的时候/红舌头一卷一缩，一缩一伸"，"最耐不住寂寞的是枪口/最不安分的是心/最痛苦的是眼睁睁/无力救、也无法救/最浅的是伤口/最深的也是伤口/比伤口深的不是井/不是海，不是苍穹/而是血泊中回望的最后一眼（《阵地》）"，这是多么震撼人心的诗的概括！战友回望的"最后一眼"，是比大海和天空更深的生死两相望，是无法想象的濒临死亡前的最后的眷顾，是全部嘱托和未尽的情感，所以，写士兵的英雄主义，除了描述战斗场面，更深刻的便是写出人生命中的疼痛，常人未曾体验过的灵魂的抽动。请看史光柱在失去双眼后所写：

我真想/睁开眼睛看看现状/看看我落在/地球上的眼珠/究竟变成草尖的露珠/还是两粒孤独的石子

我留在黑暗里/尽管我想/看看我的玫瑰屋/玫瑰人是什么样子

——《活着，但请记住》

这样的诗句灼热、滚烫、结晶，使人看到像眼珠一样的诗歌晶体在滚动着。被战火夺去双目，他虽然陷入黑暗，但他的心和日出的脉搏一样跳动。只要心里有光，一切都是光。

他向太阳呼喊着：“给我一束光吧，太阳/阴雨天多了/要把五脏六腑/掏出来晒晒/这是脉跳的需要（《活着，但请记住》）”。

失去光明才知道光明比玫瑰比自由更可贵，萤火虫和向日葵的道路多么高贵。“蹲在地上，揉着伤口/方才领悟/你的名字叫疼/人啊/走过才知/生门，死门/自己的疼处自己揉/沿着来路边走，边喊/仿佛狼嚎的回声（《寻声》）”，他甚至再也无法看到自己的“泪光碎在哪儿/面对面的遭遇之地/都辨认不出”，这里的战后只剩“宁静的肉体”，战争已成为“光和影/生和死/人、橄榄树、灵魂/弹药和军犬/只有战火分不清/这是网（《活着，但请记住》）”，这鲜血和痛苦凝成的诗句，被战火灼烤，这是献出生命和肉体的真实的呐喊，这是承担和命运。面对战争的残酷和无数史光柱们的献身，这样凝练、沉重的诗句怎能不让人心动怦怦？

闪电将一个殷红的烟头/按在大海碧绿的胸脯/疼痛使它遍体久久颤动/在急骤的惊恐中/扩散的烟雾/夹杂着一种异常的腥气

——《战争》

这首充满痛感的短诗，不仅语言洗练而且还有战士对战争的思考、默察。诗歌首先是将作者自己震动，才能感染读者，就像蚌不疼痛哪来的珍珠呢?

对个人打的是死结/对国家却有一线希望/它留下那些残缺的躯体/兑现日月星光

——《硝烟》

这样的诗句像一针见血，伤感而又刚烈、坚硬、不乏光的热度。

这些诗，极具个性，它是属于史光柱自己的，却又有着典型的意义。只有亲身经历过的战斗，才能拥有如此丰富的细节，生动而让人身临其境:“在淡淡的坑道口/有一缕纤细的兰花/它纤细地开在坑道口/放出沙漠勃勃的绚丽/像一只捻不死的蝴蝶/沐浴阵地/战士弯弯的足迹（《兰花，蓝色的情丝》）”,“来吧，用钢盔作为壮行的酒杯（《干杯》）”,“我乐于忍受猫耳洞的潮湿/坑道的幽暗（《我恋》）”,“载满阳光的军车/驶进门口/几辆插着茶花/几辆插着兰草/几辆什么也没有……（《营门口》）”，这些细节，形象、生动地展现出当年战场上曾经经历过的日日夜夜。成功的诗歌意象，不仅仅被外伤的血染红，更重要的是内在的、与诗人发生精神性的联系。如果一个意象，被一种精神之血染红，那么诗歌就成功了。

其次，他的诗能够站在今天回望历史，以充满人性的角度，重塑和思考当年的战争，表现出一个战士诗人对生命的尊重和内心涌动的大爱:“走进焦土/一只婴儿的小鞋/被剥尽叶子的枝高高挑起/仿佛寒光闪闪的刺刀/挑着一枚小小的头颓……（《合上这组悲哀的镜头》）”，“有一双僵硬的胳膊/冰凉地搂着/一对冻僵的白鸽/这尊塑像/像伟岸的泰山/矗立在我面前/我陪着我哭泣的心/用颤抖的手/点燃一根‘中华’/衔在他的嘴上/弥补他十八岁的遗憾（《塑像》）”，“有一只鸽子/突然在荒村中断歌唱/啊，有一颗橄榄/悄悄从春天哭醒/……有一件往事/是我终身跋涉的原因（《祭奠》）”，“风啊/你慢慢地走/不要把弥漫的硝烟/纷扬的尘土/带往宁馨的小楼/远方有双期待的目光/已等我很久很久（《风啊》）”，在这些抒写与战争相连的日常生活的诗中，由于有了对孩子、对战友、对爱人、对自然、对故乡的悲悯、关爱而使诗歌有了温度，注入鲜血。追求战后的平静的生活、蓝天和白云，在紧张激烈的诗行中透出温暖和明亮，让生命归于和平与安宁，还灵魂以自由和轻松，这是士兵心存的大爱，对祖国、土地、人民的广博的爱。在血与火的战争面前，作者并不缺少水一样澎湃的柔情，诗人一只手握着枪，另一只手则弹着六弦琴。枪管里射出的是激情，而不是死亡，战斗的最终目的是为了丰收和歌唱：

南疆的炮火中/我看到一双卫士的手/硝烟里，化作呼啸的利剑

我也有一双手/春天，轻轻拨动绿色的琴弦/秋叶，紧紧揽住金色的丰收

——《手》

小片小片叶子/散发小片小片忧伤/小颗小颗果儿/摆动小

颗小颗惆怅/小只小只鸟儿/轻唤小朵小朵阳光

——《心上的橄榄树》

多么轻盈美丽，心上长出橄榄树，橄榄树扎入诗人的心田，那里有鸟儿和阳光，也有片片忧伤，这样的橄榄树就与诗人有了精神上的无间。它不再是表象的，而是内心的植物，象征着和平在诗人的心头滋长，永不凋谢。这颗心是童稚的、是民谣的、是动人的、是美好的。心生万物，心生光，只要心在，万物皆生长。寸草报得三春晖，寸草之爱也是人间大爱。

最后，使史光柱的诗超越了一般性的战斗诗篇而更加扩展、深入的，还在于作者能够站在今天全球化的大视野下，怀着广阔的胸襟，对战争进行深刻的反思以及对个人与战争之间的关系做准确表述，在诗意化的概括和提炼中，更具有现代精神。

战争与和平从来是人类写作的主题。唐代边塞诗闪耀夺目，众多伟大诗人的诗作都与战争题材相关。传承古代诗歌“诗言志”的传统，虽然史光柱已双目失明，但他的心始终牵挂着这喧嚣的“一个世界的扭曲的压缩/一段历史的扭曲的填改”，他知道战争是“美和钢铁相撞/重病的地球和一只/惊恐的翠鸟的对话”，于是，他这样写道：“这是斗牛式的屠宰场/他们是屠夫/也是挨宰的对象/我们是豺狼/也是羔羊/那个十七岁的小山东/在穿越生死线时哭了/但没有退怯（《穿越》）”。

对于战争性质的剖析，使我们从惯常的军旅诗上升到哲学和政治的意味、局部战争与永久和平的意味，捍卫祖国与追求世界的公平与正义的统一，使“小战士在穿越生死线时哭了/但没有退怯”，这种真实大胆的写法，更体现出士兵的崇高、清醒与坚定。“高尚与卑劣同在/求助与劫杀并存/拼杀与争斗，是/一个问题两种表述（《生活·衣服》）”，这个世界“所有人都在人兽转换/生死突围……”，“夜色是地球的影子/黑暗是人类的反面”，而今天“那个季节/似乎什么都没有发生/成了杂草丛生的现代史”，“墓碑/如同戳在大地的绣花针/针刺穿什么/野草和蜘蛛网/比我清楚”。随着时间的流逝，这种淡忘，对用生命换取我们今天安宁生活的人来说是多么的不公和轻易，墓碑下的野草和蛛网是重走焦土地后令诗人心痛的泪水，史光柱不回避人的劣根性，但作为决心用身体填补战争裂痕和缝补疆土的士兵，他对于仍蜿蜒在地球上爬行的蟒蛇般的硝烟，“厌恶它，诅咒它/却从不忽视它的力量”，“我已陷进终身的黑夜/命运关闭了我的双眼/我却用心去寻找光明/从蚂蟥的嘴里/争抢着灵肉/投入生命的重建/从那时起/我拖着残缺的身躯/用倾斜的人生/求证生命的不等式/用硝烟熏烤的肢体/努力做着/没有硝烟弥漫的事情（《穿越》）”，这需要站在人类的高峰，用开阔的胸襟和坚强的意志关注：“和平！/只有和平/才是民族随时随地深沉的大爱/最慷慨的大义（《硝烟》）”，没有爱的战争是魔鬼的战争，没有箪食壶浆的战争也是不义之战，而怀揣爱，为民族为祖国为土地之爱去英勇献身的民族将是不可战胜的。中华民族是这样的民族，懂得爱、超越战争、积极乐观，使士兵的生命重生，爱从不灭的希望中开始，犹如每天重临的阳光。读史光柱的诗，在今天我国面临严峻的国际形势、加强部队建设、提高全民族精神素质的关键时刻，是多么必要！

战争就像暴风雨不能终了，美好的人生就是完成一次次涅槃，生活大踏步走来。《生活　衣服》这首诗充满智慧的思辨，现实与回忆的时空交织在一起，形象的比喻修辞和整体象征手法的运用，使整首诗意味无穷。它表现的是作者一贯的主题："阵地也是补丁/补的是死亡还是和平。"

在战争中黄河就是竖起的墓碑，在和平时代黄河就是平淌的乳汁。

到处是睁开或闭上的眼睛。

"刚懂事时，我问妈妈/村庄有眼睛吗/有，是井/山崖有眼睛吗/有，是长长的裂缝/我眨眨眼睛，又问妈妈/天，真的有眼睛吗/有，它哭的时候……"

——《眼睛》

因此橄榄树也有眼睛，枪管也有眼睛，他的心也长成一双明亮的眼睛。

"生死的指间/流出遥远的秋波/是一片浅绿的海洋/海洋上托着一对遥望的眼睛……（《战壕生活》）"，眼睛复活了，它闪着永远的、最明亮真挚的光芒。

2014 年 4 月　并纪念老山战役 30 周年

英雄的命运交响

——读史光柱诗选

朱先树（诗歌评论家）

人活着是需要有一种精神支撑的，只有精神才可以穿越时空而永存。诗人写英雄场景和英雄人物，其目的也在于此。而史光柱本身是军人，是战斗英雄，但在战争中失去了双眼，于是便开始写诗。他要用诗歌表达自己的心灵情绪，抒写精神的支撑与向往，呈现在我们面前的这部“诗选”就是证明。

史光柱是一位颇有影响的盲诗人了。他在1985年发表的第一首诗《我恋》中，写道：“正因我热恋四季的多姿/我的枪管才射出激情”，“正因我热恋生活的多彩/我才乐于忍受猫耳洞的潮湿/坑道的幽暗”，“正因我热恋大江南北/我才把火红年华/写进亏了我一个/幸福十亿人的/慷慨悲歌，壮志凌云。”自己虽然不幸失去双眼，但始终对祖国、对生活怀揣着大爱，有了这样的精神支撑，才写出了这样的壮美诗篇来。

军人自然不同于普通人，但军人并不是战争的代名词，作为军人虽然是“风雷的化身”，但向往和平，才是他们最终的目的，因此，军人的本分是应坚守的，在《我是军人》中就写了“我是军人/我是军人/刚毅是灵魂/牺牲是本分/我是军人/我是军人/舍己振军威/忘我壮国魂”。这首诗将作为一个军人的自信和豪迈写出来了，是诗，也是歌词，谱成曲是可以伴唱的。

作为军人的神圣职责是“保家卫国”，牺牲是随时随地的事情。即使如此，也会与祖国山河在一起，这是一种决心，更是一种光荣，从而成就了生命的长青绿色。在《绿魂——给战友》中就写道:“你倒下了/倒在夏天的热烈里/心紧紧贴着大地/握着泰山般的深沉/我知道/你是绿色的。”军人，即使牺牲，也是有意义和价值的。在《活着，但请记住》中就写了，即使“群雕出现了/出现在广场上/出现在站起的长城上/牵动着大地的/纬度和光明/能理解这一切的/未必都在歌唱/如果群雕只走入广场/而不走入人们的心中/如果走入人们心中的/只是拼杀的姿势/而没有舍身的形象/再高大的塑造/也是躯壳/也是自塑自像/自弹自唱/握枪的人只懂得射击/草叶也会/割断他的手指。”因此，对所有的人来说，“活着但请记住/根入地也入心/云入天也入地/死挡不住生/如同来挡不住去/冬天的价值在于春天/战争的目的就是和平”。我们的军人，胸怀是广阔的，对美好未来充满希望，愿意付出一切，这就是一种精神的向往与支撑。

史光柱的诗，应当说并不是一种即兴写作，而是一种沉思表达，虽然也写了战地生活，写了战地中的硝烟与拼杀，艰难与穿越，让人充满激情与感慨，但更多的时候，却是冷静地对军人职责和战争进行思考。因此他那些充满智慧与思辨的哲理，更深入人心。如《战争》："闪电将一个殷红的烟头/按在大海碧绿的胸脯/疼痛使它遍体久久颤动/在急骤的惊恐中/扩散的烟雾/夹杂着一种异常的腥气。"又如《桥》："穿越艰难险阻/横跨南北西东/在难走的地段/穿越了，撑起来了/把挫折踩在脚下/道路纳入心中/心胸交给天地/脊梁铸给路人。"这些题材和形象在史光柱笔下表达出来，我们更可以从军人的视角去认识和理解，从中会体会到许多别样的意蕴来。

的确，军人也是人，生活在一定的时代和社会环境中，作为人的一生，有如意也会有不如意，走自己的路，是最重要的，一生努力追寻，就无愧无悔。《如果命运不安排你做花》是这样写的："不要为/登不上枝头哭泣/想做花朵/先让自己/林木般静静地伫立//花有花的舞台/叶有叶的韵律/枝上有/枝上的抛雪飞冰/枝下有/枝下的春风细雨//如果命运/不安排你做花/那就平地做一方葱郁/稻穗一样开天/麦苗一样辟地/不求一生长短/但求，用生命的足迹——/这一腔挚爱/灌注着无垠的天地。"应当说人的一生，都应当是有追求和向往的，但是人生路上总是充满变数，你可能会失去许多东西，如果不能做花朵，就先做一株普通的稻穗，或平凡的麦苗，这也就是史光柱人生经历的真切感悟，有了这样的精神准备，任何时候、任何地方都会发出自己的光和热的。这的确也是一个人的人生最高境界。史光柱的人和诗，都为我们展示了这样一种境界，是值得我们深思和敬仰的。

史光柱至今已在国内外发表诗歌和散文600多篇（首），获得过多项文学奖，许多国家的媒体翻译刊登了他的作品，成为了当代著名的诗人、作家。取得这样的成绩，自然是和他的才华与努力分不开的。但他又的确是个双目失明的残疾人，这种英雄气质让我们感动。从他的作品看，并不是因为他的特殊的人生经历而获得这一切，而是有一种精神向往的追寻和自身的才华素质才成就了他。在艺术表现上看，他的诗首先表达了一种精神，刚毅与柔情并存，这是我们时代所赋予的正能量。在具体表现时，从诗的特点出发，坚持用生活的细节和形象，这就给读者以精神和美的激励和享受。随便举一例，如《假如》这首诗“假如亲爱的姑娘/长久不见/鸿雁从南边飞回/高山上的片片红叶/便是我绵绵情书//假如我浑身鲜血/闯进妈妈的梦境/妈妈哟，你千万不要哭泣/你看，旭日也是鲜红的/你看，国旗也是鲜红的//假如月光再寻不着我的背景/假如泉水再听不到我拨动的琴声/假如竹笛再吻不到我的嘴唇/草丛中花在微笑/我已化作国境线的一段。”这首小诗，思想和艺术是完美结合的，情感领域宽广而又集中，读来让我们感动，也让我们从中得到了一种美的享受。史光柱的诗虽然不能说首首都是精品，但艺术的精致和完美，的确达到了塔尖的高度，是可以让读者长久回味的。

2013. 12. 23 于北京

仰望天空

史光柱

对我而言，每一部作品的诞生，都如孕育一个新的生命。我在文字的世界中巡游记忆的长河，在每一天红尘喧嚣的声浪里拣拾心灵的悸动。当这些最终变成散文的神韵与诗歌的宣泄后，我会有一种舒适与放松，如同那些文字是一束生命的阳光照进我黑暗的瞳孔。我有时会沏一杯茶或点一支烟，在难得的安静里回想这段孕育生命的历程，那些我无论如何不能忘记的事和人，比如对我这本书问世起了重要作用的人物。

我生活中这位朋友朴实无华、极为普通，他坦坦荡荡做人、明明白白做事，即便在同行中，也看不出他有特别超长之处。如有不同，那也是他在任何一个地方，都会常抬起头来遥望天空。世界就这样，有依靠土地的芸芸众生就有仰望天空的人，那里有他的亲朋、他的同事，有他茫然中的思考，也有他从容中的决断。

他——赵玉华，山东莱州人，1956 年出生，当过兵，性格里有着超声波，定位于扫雷艇、驱逐舰这些成分，也有老黄牛、铺路石、敲门砖那些品性。转业后他下地方工作，在北京中关村科技园遇上了今生最大的痴情——实创。从相识、相知到青春怒放，他一头扎进实创怀里，二十多年过去，青春壮美变成风采依旧，他还在一往情深。拉起手天长地永久，拉起手贫穷变富有，拉起手江河拽溪流，拉起手风风雨雨逐前路，红红火火到白头。我这样说可能你会以为，他遇上某位寒冬红颜，其实不然，这不是男女私情，如果是，那也是股份制情人，全名“北京实创科技园开发建设股份有限公司”。

这个大众情人可了不得，2013 年，整合重组海淀区国资中心控股，开发中关村翠湖科技园、新永丰建设组团，以创新产业驱动城市繁荣，以城市完善的配套服务推动科技进一步创新发展，着重打造新兴产业技术创新中心区、专精特新产业创新集群区、产城融合发展智慧新区和城乡统筹发展示范区，总开发面积达 30 平方公里。重点产业有网络通信、能源环保、电子信息、新材料及科技金融等。重点项目举不胜举，我所知的便有有中关村壹号、国际商务区、环保园公租房、人大附中爱文国际学校、北部文化中心。企业形成集聚效应，所属中关村翠湖科技园、永丰产业基地签约入驻的单位 409 家，其中不乏明星企业，如华为、北斗星通、大唐电信、安泰科技等。

交通便不便利，不用担心，首都这个地方，主干道、辅干道四通八达。风景是否秀美你自我解答，身临其境，你会浮想联翩、雄心勃勃。撇开南城，我们甩开立交，驱车沿着八达岭高速前行，海淀北部风光旖旎多姿，大西山蜿蜒西卧，南沙河、北沙河、京密引水渠穿越其间。这里上风上水绿色自然，科技、生态、人文在此水乳交融。入学有名校，生活有永丰美食广场、温泉体育中心、超市等配套设施。

赵玉华刚工作那阵子，没有这番欣欣向荣景象，那时，实创还是各股东的实干，分别在进取的路上。赵玉华在原来的公司做他和别人的铺路石、敲门砖，但大西山在，穿越南、北沙河的引水渠在，只是不那么繁华，不像有了实创这个股份制情人后婀娜多姿。说股份制情人你别误解，这是别人的新股份、老股份，赵玉华不是股东，他只是一个实创人，说白了，是股份制企业的高层管理人员。我现在要说的不是实创的规模宏大，而是赵玉华的开拓创新。创业史也不用说了，改革开放，快速积累财富的今天，创业人物比比皆是，还是说说他的开发谋略、经营管理。这方面也不用再说，他身边人才辈出、星光灿烂，点出哪一个都才华横溢。还是说说他眺望星空的事吧，那里有他的思路，有他的胸襟，他仰望星空，那是在浩淼无边的天地，追寻他的过去，拓展他的未来。我遥望天空，是遥望我的距离，给每片云、每颗星斗赋予某个童话、某段传情。

说到天空，免不了说起环境，过去我没受伤，看着深不可测的宇宙，只觉好奇、神秘，没做过多的联想，而现在，真到了眼睛看不到时，才觉那么依恋，甚至对周围的空气水分分布、空间格局都十分敏感。

传统意义上的环境理念，源于天人合一、注重修身养性，很环保。这就引出生存生态和心灵生态截然不同的体系。现在的人们重视处境，注重开发和利用，表面看差距不大，其实差距千里，拿企业为例，面对社会，是注重精神需求还是经济效益。赵玉华在市场滚爬多年明白辩证统一的道理，刚开始，我们在战友聚会时泛泛而谈，交流多了，我对实创人有了进一步认识。

凝心聚力，建设具有全球影响力的科技创新中心是实创人的吸铁石、夜光镜，多年来，他们始终坚持科技创新引领，高端产业聚集，绿色生态示范，人文交互共生的理念。走进办公区大门，“忠、恕、悟、勤、俭”几个字赫然在列，听说这是五字箴言，我停下脚步，让身边人解释。尽管我这是第一次应邀而来，向全体员工作英模事迹报告，但几个字的内涵吸引着我，这不正是传统美德跟时代精神结出的现代品质？想不到在这里，一个高端产业聚集区，几个字焕发如此能量，有着强烈的忧患意识和使命感。

二次走进实创，赵书记还兼任着董事长，这次演讲我在奉献担当、敬业爱业的基础上，增加了兵法与企业管理，赵书记甚是高兴，饭桌上我问他，听说你在工作之余，游玩之中，常静气凝神看日出、观天象。他豁达地笑着，他不懂占卜术，不是观天象，而是热爱自然，通过天地万物，梳理思路、联络感情，时间一长养成习惯，有机会便看看天空，心灵得到净化，情绪得到舒缓。他看天空是为缓解压力、理清思路。他不是政治家、军事家，不会涉及政治、军事相关的内容。我也不是科学家、美学家，每当想起浩瀚的天际，就有一种无言的感动，似乎那里与我相通。

去年，母校深圳大学三十周年庆典，同学见面，重返青春年少，原想，买包花生伴着熟食坐在校园的石凳上重温旧梦，不料，天空布满阴云，加上空气污染，视角达不到观天的效果。一个同学感慨，校园看花赏湖可以，要观天望月得找机会，否则，自找没趣。

几个同学意犹未尽回到宾馆，兴致勃勃、神吹乱侃，侃来侃去侃到我的诗歌、散文。一个神吹先将我的作品捧到天上，接着打进地狱。他声色并茂，说我从诗到散文再到词曲，虽丰富了文艺表现形式，拓宽创作的自由空间，但有喜新厌旧、见异思迁之嫌。原以为我看破红尘半路出家，不曾想，我另觅新欢、卖主求荣，这种“欺师卖祖”的恶劣行径不加制止，肯定会走向“离经叛道”、“灭门抛尸”的不归路。张玉强是我的校友，同校不同系，刚开始听同学议论我的作品，他还饶有兴趣，听到后来，见神吹们尽说些他听不懂的话，问道：“‘灭门抛尸’是什么意思?”同学解释：中文系毕业的，以写文章立门户，如果不写等于自毁门面，“尸”借“诗”的谐音，连起来是“灭文抛诗”的意思。他若有所思，问我此话当真，没等我解释完，神吹们侃起我的词曲，几砍刀下来，我的歌曲创作，成了赞歌多、悲歌少。这样下去不得了，我面临“重大义轻小爱，拿着轻狂当能耐”的窘境。最后说我雄性激素太多，连爱情歌都不会写，好不容易写了一只红豆，这豆还是公的，专跟雌豆作对。相思红豆分公母，从未听人说过，同学们哄堂大笑。

今年我回老家云南采风，原想写几支有关少年儿童辍学或者留守的歌曲，不料，灵感还没调集，母亲病故。丧事办完，两三个月调动不起创作欲望。正想到乡间去寻找些崇山峻岭的力量，丈母娘又去世，写作的状态全被打飞。一年先后失去两位老人，伤情随风缭绕，我只有一边用心代替眼睛，仰望蓝天、遥望苍穹，一边百无聊赖地将发表和没发表的诗文拿出来整理。在整理诗歌、散文的过程中，得到了实创和中国盲文出版社的强力支持，得到了赵玉华、田丽、张玉强、张伟等朋友的推动和帮助。没有他们的支持，这本集子可能还要放些时日才会出版，至少不会这么快跟大家见面。衷心感谢一路关注我的老师和读者朋友。

2015 年　于昆明